© 2017 Aurélien Calonne, seconde édition

Couverture : Ritratto di Gian Galeazzo Sanvitale, Parmigianino, 1529

ISBN : 978-2-9554300-4-0

Dépôt légal : février 2018

OPERA NOVA

POUR APPRENDRE À COMBATTRE ET À SE DÉFENDRE AVEC TOUTES SORTES D'ARMES

1531

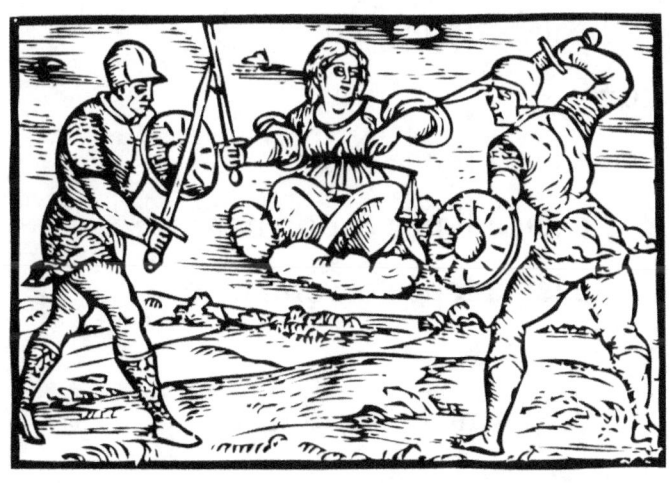

Composé par Antonio Manciolino, Bolonais.
Traduit par Aurélien Calonne

TABLE DES MATIÈRES

Introduction	7
Opera Nova d'Antonio Manciolino	11
Livre 1 : Les gardes & les offenses	25
Livre 2 : Les assauts à l'épée bocle	47
Livre 3 : La mi-épée	63
Livre 4	77
Le jeu à l'épée & grande bocle	80
Le jeu à deux épées	90
Le jeu à l'épée seule	92
Livre 5	95
Le jeu à l'épée cape	97
Le jeu à l'épée & poignard	103
Le jeu à l'épée & rondache	105
Livre 6	109
Pertuisane & Rondache	112
Pertuisane seule	113
Epieu	114
Ronconne	114
Lance	115

Glossaire	120
Les gardes	123
Schéma des frappes	136
Notes sur la traduction	138
Remerciements	139
A propos de l'auteur	140

INTRODUCTION

L'escrime bolonaise

Bologne, ville italienne du nord-est de l'Italie, est la capitale de la région d'Émilie-Romagne. Elle est notamment connue pour abriter la plus ancienne université fondée en 1088, et toujours active aujourd'hui. Au XVe siècle, un professeur de cette université, Filippo di Bartolomeo Dardi, y enseigne l'arithmétique et la géométrie de 1443 à 1463, mais aussi l'astrologie en 1444. Nous savons qu'il a également enseigné l'escrime et tenu une salle d'armes à partir 1413 jusqu'à sa mort en 1464, rue Pietralata non loin de sa résidence. Dardi aurait écrit un traité sur les liens entre l'escrime et la géométrie, mais celui-ci n'est pas parvenu jusque nous. Il est cependant considéré comme le père fondateur de l'escrime bolonaise.

Un des maitres emblématiques de cette école bolonaise est Achille Marozzo, dont *l'Opera Nova*, traité d'escrime à destination de ses anciens élèves, a connu au moins deux éditions et six réimpressions. La première édition date de 1536, une édition antérieure datant de 1517 aurait existé, cependant elle n'a pour l'instant pas été découverte. Marozzo, né en 1484, a tenu une salle d'armes rue Riva di Reno où il vivait. Il fut très probablement élève du maitre Guido Antonio de Luca dont il dit que « plus de guerriers sont sortis de son école que du cheval de Troie ». Pour certains, de Luca serait le lien entre Dardi et Marozzo, élève de l'un et maitre de l'autre, mais aucune preuve pour le moment ne vient étayer cette hypothèse.

Deux manuscrits sont conservés à la Biblioteca Classense de Ravenne, les M354 et M346, bien que chacun ait une écriture différente, ils semblent néanmoins provenir du même auteur. Auteur inconnu, mais que l'on rattache à la tradition de l'escrime bolonaise de par le corpus technique et tactique. La date de ces manuscrits pose aussi problème, la datation des filigranes du papier employé et de l'écriture placerait celui-ci entre 1510 et 1520.

Plus tard, viennent s'ajouter à cette tradition les traités de Giovanni dall'Agocchie, *Dell'Arte di Scrima Libri Tre* publié en 1572, ainsi que celui d'Angelo Viggiani, *Lo Schermo* publié en 1575 par son frère, treize ans après sa mort comme selon ses dernières volontés. Ces deux auteurs, bien que dans la continuité des traités précédents, marquent aussi un changement de style dans l'escrime avec un jeu s'orientant de plus en plus autour de l'estoc et abandonnant la plupart des armes secondaires à l'exception de la dague. En effet, en cette fin de 16e siècle, les épées s'allongent et s'affinent pour devenir ce qu'on appelle des rapières.

Ainsi, si l'on continue l'examen des traités d'escrime des auteurs bolonais suivant, nous avons :

- Mercurio Spezioli, *Capitolo di M. Mercvrio Spetioli da Fermo*, publié en 1577

- Girolamo Cavalcabo, *Nobilissimo discorso intorno il schermo*, écrit en 1580

- Camillo Palladini, MS 14/10, écrit au début du 17e siècle

- Torquato d'Alessandri, *Il Cavalier Compito*, publié en 1609

- Alessandro Senese, *Il vero maneggio di spada*, publié en 1660

- Carlo Giuseppe Colombani, *L'Arte maestra*, publié en 1711 et qui reprend des illustrations d'Achille Marozzo

Quand on parle de tradition bolonaise ou d'escrime bolonaise, seuls les premiers traités sont pris en considération, avant que l'épée ne devienne rapière, donc. On retrouve notamment dans ces traités une nomenclature commune, un même jeu tactique, les mêmes combinaisons d'arme et aussi une même pédagogie.

Antonio Manciolino et son œuvre

L'*Opera Nova* d'Antonio Manciolino, publié en 1531, est ainsi le premier traité d'escrime imprimé en langue italienne qui nous soit parvenu. Malgré cela, nous ne connaissons quasiment rien de son auteur.

Son œuvre est tout du moins une seconde édition de par son sous-titre contenant *novamente corretta & stampata* (nouvellement corrigé et imprimé), et aussi de par sa dédicace à un homme qui était déjà décédé en 1531, le duc « Don Luisi de Cordoba » (1480-1526). Cette dédicace contient entre autres une précieuse information qui nous permet de dater plus précisément la première édition, celle-ci est : « ambassadeur du plus serein empereur Adrien VI », or ce dernier ne fut pape que du 9 janvier 1522 au 14 septembre 1523. Cet intervalle peut encore être réduit, car le duc ne sera ambassadeur qu'à partir d'octobre 1522. Ainsi la première édition du traité de Manciolino aurait paru entre octobre 1522 et septembre 1523.

Le traité est composé de 63 pages recto/verso et contient une dédicace, une introduction et six livres, chacun dédié à un concept ou à des combinaisons d'armes distinctes. On retrouve ici une organisation semblable au traité de Marozzo. Similarité entre ces deux auteurs que l'on retrouve aussi d'un point de vue pédagogique où tous les deux nous délivrent une partie de leur enseignement sous forme d'assauts, qui sont des suites d'enchaînement de frappes et de déplacements face à un prétendu adversaire dont les réactions ne sont pas décrites.

OPERA NOVA

POUR APPRENDRE À COMBATTRE ET À SE DÉFENDRE AVEC TOUTES SORTES D'ARMES

1531

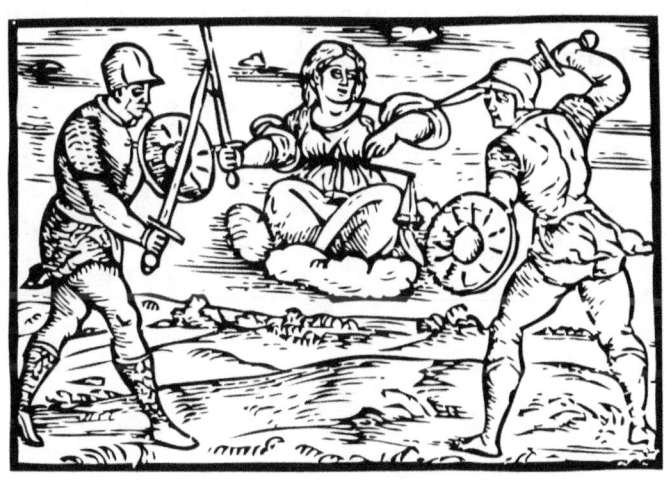

Composé par Antonio Manciolino, Bolonais.
Traduit par Aurélien Calonne.

ANTONIO MANCIOLINO

Au plus illustre Don Luigi de Cordoba, Duc de Sessa, ambassadeur du plus serein empereur Hadrien VI

Illustre Duc, beaucoup d'ingénieux et d'excellents auteurs dignes de louanges immortelles, se sont efforcés d'enseigner et de démontrer leur art non seulement de vive voix, mais aussi pour la postérité et pour leurs successeurs. Malgré cela, jusqu'à notre époque (autant que nous connaissons), personne n'a mis par écrit à l'exception de notre auteur, la façon dont on doit se défendre quand on est assailli par des ennemis connaisseurs. Dans l'œuvre suivante, celui-ci montre les évasions et les défenses de la menace d'une mort violente, comme votre illustre Seigneur verra dans cette œuvre que je lui dédie en tant que Capitaine expert dans l'art militaire grâce à ses fréquentes victoires obtenues. Et une œuvre aussi petite va à un Seigneur aussi excellent. Mais regardez en cela le courage et la volonté de celui à qui elle est dédicacée et qui est préparé contre toutes ses œuvres, et que Dieu a fait parfait et qu'il conservera de toutes les fortunes adverses.

OPERA NOVA

Opera Nova pour apprendre à combattre et à se défendre avec toutes sortes d'armes. Composé par Antonio Manciolino, bolonais.

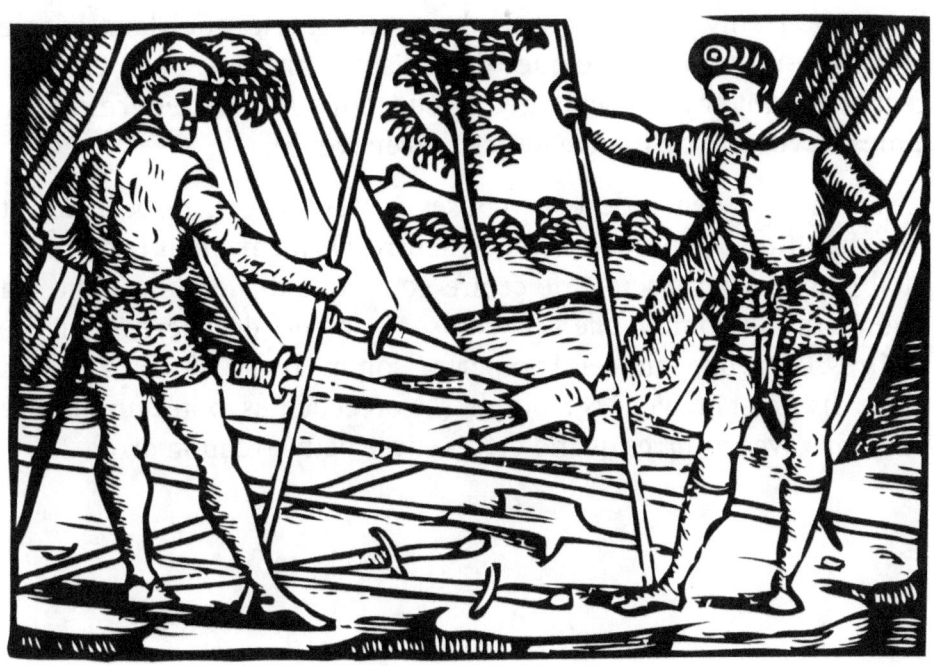

Il arrive que de plus en plus de maîtres grossiers dans cet art, dont on se protège des coups avec raison, apposent un long morceau de papier dans un coin haut et solennel de leur école sur lequel sont écrits les chapitres à lire. Et en réalité, qui les lira, trouvera ces chapitres. Mais cela est ce que font les vendeurs de vin sur leurs bouteilles, choses des plus monstrueuses qu'humaines.

Et comment ces maîtres peuvent-ils être humains s'ils démontrent si ouvertement leur avarice et leur avidité ? Et cela est une chose humaine que d'aider les autres et de faire foi que personne ne naît comme il est. Ainsi, il est avare selon moi et d'un instinct d'acier de montrer des choses dans l'école qui ne peuvent profiter qu'à soi et non aux autres. Et il en va ainsi de leurs chapitres, qui ne servent à rien d'autre qu'à être vendus pour des démonstrations des jeux de cet art. Comme si la vertu des armes était tombée si bas qu'on ne trouvait plus celle-ci que dans le membre sacré qui est son prix de vente dans l'école.

On ne peut considérer que les esprits émoussés tirent ces jeux comme le font les esprits vifs. Ni que l'art n'est qu'une putain à vendre.

Et voulant suivre un chemin plus utile, j'avise que dans l'école doivent être offertes quelques démonstrations de l'Art. Il est plus reconnaissant et plus avantageux pour moi que cette œuvre profite à mes élèves que de mettre les jeux à vendre.

Cependant, je demande trois choses à mes élèves : respect, foi et rémunération. Respect en tant que maître. De même pour la foi parce qu'il convient au disciple de croire comme le dit le philosophe. La rémunération comme elle est requise de la part des élèves pour les maîtres. Parce que sans cela l'art périra, comme l'écrit Cicéron. Si donc je me dis satisfait avec les trois choses précédentes, pourquoi perdre du temps avec d'autres quand cette œuvre peut être mon profit ?

Début de la plupart des règles principales, ou documents sur le valeureux Art de l'Escrime.

Quelqu'un voulant jouer doit toujours combattre contre un plus vaillant pour son œuvre et sa réputation. Parce que la gloire du vainqueur dépend de la valeur du vaincu. Ainsi le perdant n'est pas à blâmer si la réputation du vainqueur l'embellit.

Le plaisir du jeu avec des joueurs divers et variés rend l'homme habile en lui donnant l'œil vif et les mains rapides. Parce que de la variété d'autant de pratiques ingénieuses provient la sage et savante expérience, mère de toutes les choses.

Tant que quelqu'un dans le jeu a des doutes sur l'autre, il ne doit jamais s'arrêter dans une seule garde, mais il doit immédiatement se déplacer dans une autre, de sorte que son ennemi ne puisse se faire aucun avis.

Contre les joueurs qui font leurs coups avec une grande rage, ce qui souvent engendre de la peur à leur compagnon, il peut être fait deux choses. Soit le laisser aller dans le vide et pousser (un estoc) aussitôt intelligemment en prétendant l'écœurement. Soit se jeter devant pour parer avant que le coup n'ait pris de la vitesse. On peut également lui frapper la main afin qu'il tire moins fort.

Bien que la frappe à la main de l'ennemi ne soit pas valide dans le compte du jeu au coup, elle sera la plus singulière à frapper dans le combat parce qu'elle est la première à se découvrir et aussi le membre de l'ennemi qui pourra le plus t'offenser.

Le plus admirable des coups est le *mandritto* parce qu'il est le plus courtois et le plus noble et qu'il se fait avec beaucoup de difficulté et de danger. Ainsi frapper du *mandritto* est plus dangereux que du *roverso* car ce premier fait aller l'homme totalement découvert dans le temps, et il est donc ainsi le plus admirable.

On doit toujours avoir les yeux à la main d'épée de l'ennemi plutôt qu'à son visage, parce que de là on voit tout ce qu'il compte faire.

La parade courtoise d'un coup n'est pas de peu de profit ni de peu d'élégance. En fait, elle est d'égale ou même d'une plus grande beauté que de faire un beau coup. Parce que beaucoup savent tirer de beaux coups, mais peu ont la science pour les parer sans être offusqués. Ce qui satisfait les observateurs.

Connaître les temps est une chose nécessaire, le jeu étant imparfait sans eux. À ce propos, je dois t'informer que quand le coup de l'ennemi aura dépassé ta personne, il sera alors temps que tu le suives avec la riposte qui sera la plus appropriée.

Les joueurs qui ont la vue courte doivent également avoir en main des armes courtes parce que leur vertu ne s'étend pas dans le lointain.

Également, quelconque joueur avec une arme courte ou une épée courte sera de meilleure vertu parce que cela force les joueurs à s'approcher, ce qui ainsi fait prendre de meilleures parades et fait de bons yeux.

Pour tout égard, la meilleure chose est d'entraîner les deux mains avec les jeux de toutes les armes, et de savoir ainsi frapper et défendre avec l'une comme avec l'autre.

Nous avons les gardes hautes et les basses. Le principe des gardes hautes est de frapper et de suivre avec la parade naturellement. Celui des gardes basses est le contraire : de parer et d'ensuite frapper. Et dans ces gardes basses, seul l'estoc est une frappe naturelle.

Comme de raison, on ne fait pas de frappe sans parade, ainsi toute parade doit être suivie d'une attaque, en utilisant néanmoins les temps. De sorte que si quelqu'un pare toujours sans jamais répondre d'une frappe à l'ennemi, cela informe de sa timidité manifeste. Sauf si avec ses parades il repousse l'ennemi en arrière, chose qui est procédée avec un grand courage. Et en réalité, les parades doivent se faire en allant en avant et non en arrière afin d'être capable de mieux atteindre l'ennemi et aussi d'affaiblir son coup qui nous arrive. Parce qu'en te frappant de près il ne pourra te nuire qu'avec la partie arrière de l'épée qui va du milieu à la garde et cela sera beaucoup moins douloureux qu'avec la partie avant.

Quand un bon joueur jouera avec un autre qui le fuit, chose qui enlève à ses vertus beaucoup de grâce parce qu'en le voyant s'enfuir il ne pourra pas faire de chose parfaite, il devra alors faire semblant de fuir pour donner le courage d'avancer à ce premier fuyard, et ainsi il ravivera son jeu de sa beauté perdue.

Les joueurs qui font beaucoup de coups sans mesure et sans temps, bien qu'ils puissent atteindre l'ennemi avec ceux-ci, sont disgracieux et sont plus les enfants de la chance que de l'art. Et ceux que l'on nomme joueurs sérieux et déterminés sont ceux qui cherchent à frapper leur adversaire avec le temps et avec la grâce.

Si l'on se trouve près de l'ennemi, l'on ne doit jamais tirer de coups finis, parce que l'épée ne doit pas s'éloigner de la personne pour la sécurité de celui qui la tient. Et frapper de ce coup imparfait est nommé un demi-temps.

Se trouvant deux joueurs ayant une égale science de l'art de sorte qu'aucun ne puisse donner à son compagnon de façon sûre. L'un peut avec mes conseils provoquer la chance en espérant vaincre avec l'une de ces deux façons. C'est-à-dire soit avoir l'œil pour tirer dans le même temps que l'ennemi aura pris. Soit il peut lui donner du mieux qu'il soit possible, et aussitôt se jeter contre lui en l'enlaçant, cela fait, chacun estimera lequel est le vainqueur.

Si quelqu'un veut faire tirer un coup à l'ennemi afin de le parer pour l'atteindre dans ce temps, il convient qu'il le fasse trois ou quatre fois de suite en faisant cela à la façon d'une invitation. Et parce qu'il est de coutume aux joueurs de singer, l'adversaire sera tenté de faire de même. Ainsi on lui aura fait tirer le coup que l'on désire.

Si vous voulez frapper l'ennemi à la partie haute, vous le tromperez en commençant par frapper à la partie basse. Et également, si vous voulez gagner la partie basse, vous ferez l'attaque à la partie haute. Parce qu'en se défendant dans les lieux de ces frappes, il sera forcé que les autres (lieux) se découvrent.

Parce qu'aucun coup ne peut être tiré sans passer raisonnablement dans une garde, il en suit que dans la montée ou la descente des gardes se démontrent la vertu des joueurs. Dans les grands champs, celui qui se parera de la victoire est celui qui assaillira à nouveau l'ennemi avant que son arme n'arrive dans une garde car celui-ci se tenant entre deux pensées, il peut plus facilement être frappé.

L'homme doit toujours avoir le bras bien tendu dans les parades de n'importe quel côté. Parce que non seulement il viendra à repousser les coups de l'ennemi à l'extérieur et loin de sa personne, mais cela le rend plus fort et rapide dans la frappe.

L'utilisation d'armes lourdes et l'amusement de frapper long et tendu nourrissent une bonne vigueur et une grande force. De sorte qu'en allant avec des armes légères en mains, l'homme deviendra plus agile.

Dans l'art de l'épée affûtée, il ne faut pas départir des gardes basses, car elles sont plus sauves que les hautes. Et la raison est que te trouvant dans une garde haute tu pourras être atteint d'un estoc ou d'un coup de taille aux jambes, alors dans les gardes basses, ces coups ne sont pas un danger.

Ceux qui auront le plaisir de parer les coups donnés avec le *falso* de l'épée seront des joueurs valeureux parce qu'il n'existe pas de meilleure et plus forte parade, et parce qu'elle pare et frappe presque dans un temps.

Ni combattant, ni aucun joueur ne doit se laisser vaincre par la surabondance des coups ou par l'arrogance. Parce qu'alors il se privera de courage et le laissera entièrement à l'ennemi.

Le plaisir de l'épée seule est d'autant plus utile que celui des autres armes. Car la personne est très peu souvent accompagnée des autres armes en main comme de la rondache ou de la bocle, alors que l'on peut toujours avoir l'épée seule.

Si l'on combat contre un gaucher, le déplacement continu vers son épée est le meilleur moyen pour se défendre. Et quand il tire un *roverso*, on tire un *mandritto* à sa main d'épée. Et s'il tire un *mandritto*, l'on tire un *roverso* à la main ou au bras d'épée. Et cela promet une victoire sans doute.

Le déplacement équitable avec chacun des pieds suivant le temps et la nécessité est une chose très utile et profitable. Néanmoins, je crois que se déplacer en ayant toujours les pieds égaux est d'une plus grande utilité parce qu'ainsi l'on peut avancer et reculer sans désavantager la personne. J'ajoute également que l'homme peut ainsi jouer plus fortement que dans d'autres façons. Et quand je dis à pieds égaux, je signifie que les pieds ne sont pas éloignés de plus que la mesure d'un demi-bras, en accompagnant toujours la main avec les pieds et les pieds avec la main.

Chacun peut se nommer parfait dans cet art comme dans d'autres s'il peut l'enseigner aux autres. Parce que comme le dit le philosophe dans l'Éthique[1] : le signe de la science est de savoir enseigner.

Jouant avec l'épée à deux mains au jeu large, on aura toujours les yeux sur la partie avant, du milieu de l'épée vers la pointe. Mais si on arrive aux estrettes de la mi-épée, on aura les yeux à la main gauche afin que l'ennemi ne nous fasse pas de prise de cette main.

Il est nécessaire que celui qui veut être un bon joueur connaisse l'art de la mi-épée. Car ceux qui ne savent jouer que du jeu large et qui arrivent au jeu restreint seront forcés de se reculer avec danger et opprobre. Et ils donneront souvent la victoire aux mains de l'ennemi, ou au moins ils montreront leur ignorance de cet art à ceux qui regardent.

Si quelqu'un se trouve être aux mains avec un plus puissant et plus fort que lui, il ne doit en aucune façon aller aux prises, parce que le plus faible sera contraint de s'allonger en dessous.

Touchant le choix des armes au plus fort, il doit armer le plus faible généreusement, parce que sa victoire est dans les prises, alors que la raison demanderait à ce que les faibles aient une armure légère.

Une grande personne ayant le choix des armes et combattant contre une petite, doit par toutes les façons lui armer les parties basses et non les hautes, car elle est plus apte à frapper ces dernières en raison de sa taille. Mais si le petit a le choix des armes, il convient qu'il fasse armer les parties hautes et laisse désarmées les parties basses.

1 Manciolino fait référence ici à *Éthique à Nicomaque* d'Aristote

Les combattants de vertu, force et taille égales peuvent choisir les armes avec indifférence.

Les armes plus courtes sont dites plus périlleuses parce qu'elles offensent de plus près et sont d'un plus grand danger. De telle sorte qu'il n'est pas possible de parer facilement leurs coups à cause de la vitesse à laquelle ils arrivent. Ainsi, il s'ensuit que la pertuisane est plus dangereuse que la lance, comme le poignard l'est par rapport à l'épée.

Quand deux personnes jouent ensemble, celui qui frappe de riposte est plus louable que celui qui frappe le premier. Parce qu'il démontre plutôt d'une incrédulité qu'une perte de vigueur à la suite de la réception d'un coup.

Il n'est pas autorisé après la réception d'un coup de faire plus d'une riposte en avançant d'un pas. Et en faisant bien celle-ci avec tout son génie, on peut récupérer son honneur.

Les coups à la tête sont comptés pour trois en raison de l'excellence de ce membre. Le coup tiré au pied pour deux en égard de la difficulté de faire un coup aussi bas.

Le joueur valeureux est celui qui redouble ses coups.

Les armes les plus longues sont préférables aux plus courtes. Et ainsi la lance est choisie plutôt que l'épieu, en la tenant contre ce dernier non pas au talon de par la dangerosité de sa longueur, mais au milieu avec un peu d'avantages. Et de même, la pertuisane doit être choisie plutôt que l'épée à deux mains.

On fait peur à l'ennemi en tirant des coups du milieu vers le haut plutôt que du milieu vers le bas. Parce que les yeux, et en conséquence le cœur, se laissent vaincre par ces éblouissements.

Il doit être observé que l'ennemi n'ait point d'avantage dans les armes, ou dans d'autres choses, parce que cela pourrait lui donner la victoire.

On ne doit jamais exposer le dessein de ses coups à l'autre, mais au contraire bien comprendre celui de son adversaire. Cela parce qu'en combattant d'une humeur calme, on doit remédier aux desseins de l'autre. Mais en étant au jeu où il en va de l'honneur, il est ici une chose louable de montrer son dessein à son opposant.

DE LA FAÇON DE COMBATTRE ET D'ESCRIMER AVEC TOUTES LES SORTES D'ARMES, DIVISÉE EN SIX LIVRES

LIVRE UN

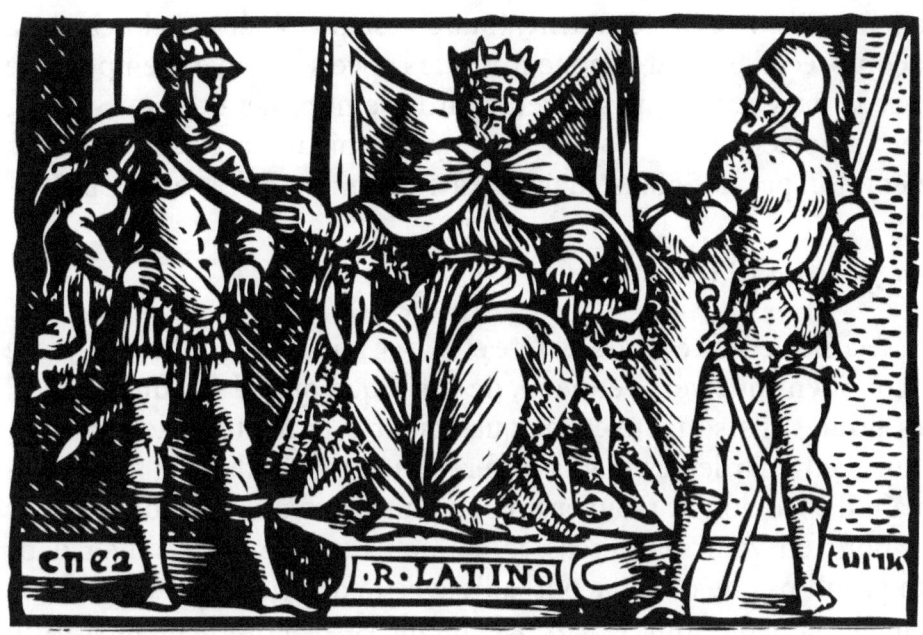

Parce que le valeureux art des armes amène constamment avec lui des gardes protectrices pour sa sécurité, dont dix sont renommées et qui sont vingt en tout avec leurs divers noms, j'ai jugé utile de décrire celles-ci en premier lieu parce qu'en les apprenant avant, elles feront le champ libre et spacieux et apporteront ainsi plus de lumière au reste de l'œuvre. Ici, donc commençons avec l'aide divine.

La guardia alta

La première garde sera nommée haute, parce qu'elle se prend élégamment au-dessus de la personne, l'épée empoignée avec le bras le plus haut qu'on puisse le lever, de sorte que l'épée vienne à rester en arrière. Le bras tenant la bocle doit se tendre bien en avant vers l'ennemi autant que possible et le pied droit doit être arrangé environ quatre doigts[2] devant le gauche avec le talon un peu soulevé. Et les deux genoux resteront droits et non arqués.

---

2   8 à 10cm

On peut encore faire cette garde de deux autres façons : soit en faisant un grand pas en avant avec le pied droit, soit avec un grand pas de la même façon avec le gauche, tout en tenant l'épée et la bocle de la façon précédente. Et chaque fois que l'épée se trouvera empoignée avec le bras tendu en l'air, cette garde se nommera toujours haute peu importe la façon dont on arrange les pieds, parce que son nom vient non pas des pieds, mais de l'arrangement que prend l'épée.

La guardia di testa

La seconde est dite garde de tête et elle se fait en étendant les bras de façon identique vers l'ennemi, de sorte que quand tu auras étendu les poings, ils se trouveront quasiment à la hauteur des épaules. Dans cette garde, les mains diffèrent seulement dans le fait que la main d'épée doit se trouver un peu plus basse que celle de la bocle. Et pour en venir aux pieds, je dis qu'ils peuvent se trouver dans un grand pas de deux façons, soit avec le droit devant, soit avec le gauche, et néanmoins cela sera la même garde pour la même raison que pour la précédente.

La guardia di faccia

La troisième se dit garde de face, elle est identique en deux points à la précédente et en diffère sur un seul. Ainsi, non seulement elle est semblable sur l'arrangement des pieds en pouvant être soit avec le droit soit avec le gauche devant, mais aussi dans la hauteur des bras. Et la seule différence est que dans la précédente on tient l'épée de travers et que dans celle-ci on la tient droite avec la pointe vers la face de l'ennemi et la main armée de la bocle par-dessus celle-ci.

La guardia di sopra braccio

La quatrième est dite garde de dessus le bras parce que la main empoignant l'épée vient à la façon d'une croix reposer au milieu du bras gauche, en tenant la pointe vers l'arrière. Et en conséquence, le bras de bocle sera bien tendu vers l'ennemi.

Quant aux pieds, je dis que la première façon est d'avoir le pied droit restant un peu devant le gauche sans le toucher. On peut de même faire cette même garde en faisant un grand pas avec le pied droit et en se penchant un peu avec grande élégance. Et on s'arrangera toujours pour garder la main d'épée par-dessus et au milieu du bras gauche parce qu'autrement cette garde changerait de nom pour la même raison que celle dite pour la première. Néanmoins, le bras pourra s'écarter un peu, car avant il était serré. Ainsi l'épaule droite viendra à regarder à l'encontre de l'ennemi de sorte que tu l'attaqueras là où cela te paraîtra le mieux.

La guardia di sotto bracio

La cinquième est dite garde de sous le bras parce que la main d'épée doit rester sous le bras de bocle, c'est-à-dire sous l'aisselle, en tenant l'épée avec la pointe qui regarde derrière et avec le bras de bocle bien tendu vers l'ennemi.

Et pour les pieds, je dis que le droit doit s'arranger de la même façon que précédemment, soit un peu devant le gauche, soit dans un grand pas. Et si l'on se met dans un grand pas, il convient que l'épaule droite soit dirigée vers l'ennemi de la même façon que pour la quatrième garde.

La garde de porta di ferro stretta

La sixième garde se nomme *porta di ferro stretta*. Dans celle-ci, la personne doit s'arranger de travers de sorte que l'épaule droite (comme il est dit ci-dessus) regarde l'ennemi. Les deux bras doivent s'amener également à l'encontre de l'ennemi de sorte que le bras d'épée soit étendu droitement vers le bas pour la défense du genou droit et de telle façon que le poing d'épée soit prés et au milieu de ce genou. Et le bras de bocle doit lui être étendu droitement aussi vers l'ennemi, ni en haut, ni en bas, afin de garder la tête.

Pour les pieds, le droit doit s'arranger dans un grand pas avec le genou dirigé de même vers l'ennemi et un peu courbé de sorte que la garde le défende. Le pied gauche est aussi de travers avec le genou un peu courbé. Et cela est ainsi nommé une *porta di ferro stretta* car elle est la plus sûre de toute et forte comme le fer. Et à la différence de la large (de laquelle nous traiterons ici après), on pousse l'épée vers l'ennemi en se restreignant de la même façon à la défense des genoux.

De la porta di ferro larga

La septième garde est nommée *porta di ferro larga* et celle-ci a pour origine la précédente, parce que ni les pieds, ni la personne ne bougent de la position précédente. Seule la main d'épée se déplace du genou et fait tomber la pointe au sol vers l'intérieur du genou droit. Et de par cela, elle est dite large parce que l'épée s'éloigne de ce genou droit pour donner une meilleure ouverture sur la personne que la précédente.

De la garde cinghiara porta di ferro

La huitième garde se nomme *cinghiara porta di ferro* et dans celle-ci le pied gauche s'avance de travers en pliant un peu le genou et en gardant la jambe droite tendue. La main d'épée doit rester avec le poing devant le genou gauche comme il est fait dans la *porta di ferro* de laquelle elle tient aussi son nom en grande partie. Et la main gauche restera étendue pour la défense de la tête avec la bocle comme peu de fois j'ai dit avant. Elle est dite *cinghiara* parce que l'animal qui porte ce même nom attaque avec la tête et ses défenses arrangées de travers de la même façon pour frapper.

De la garde de coda longa e alta

La neuvième garde est dite *coda longa e alta* avec le pied gauche devant en pliant un peu le genou. Les pieds doivent rester droits vers l'ennemi dans un grand pas. Le bras droit est bien tendu vers ce dernier avec l'épée bien empoignée et de travers de sorte que la pointe regarde bien l'ennemi. Le bras de bocle lui est bien tendu vers la face de l'ennemi.

Et non seulement cette garde, mais aussi les suivantes, ont pour origine cette garde de *coda longa e alta*. Comme dans celle où l'on est arrangé avec les pieds de la manière précédente et en tenant le bras d'épée étendu en arrière et à laquelle on donne le nom en conséquence. Car comme le dit le proverbe commun, l'on ne doit pas déplaire aux grands maîtres parce que cela a de longues conséquences, c'est-à-dire qu'ils peuvent vous offenser avec de multiples suites. Ainsi, on donne ce même nom à cette neuvième garde ainsi qu'à la dixième car elles ont beaucoup de façons d'atteindre et d'offenser le compagnon, et c'est pourquoi on l'appelle *coda longa e alta*.

De la garde de coda longa e stretta

La dixième garde se nomme *coda longa e stretta* avec le pied droit devant dans un grand pas, de façon néanmoins à ce que le genou se plie un peu de travers. Les deux bras doivent rester comme dans la garde précédente, excepté que le bras d'épée se repose un peu plus bas.

Et toutes ces précédentes gardes sont suffisantes pour notre œuvre.

Chapitre 2 : Les coups

Il doit être su que tout cet art courageux se divise en deux parties. La première consiste à d'abord se protéger, et le chapitre précédent sur les gardes a été fait pour cela. La seconde consiste à savoir frapper son ennemi dans le temps de sorte qu'il ne puisse pas t'offenser, parce qu'aucune gloire ne ressort si tu es frappé quand tu frappes et qu'ensemble vous soyez tous deux vainqueurs et vaincus, car il n'est pas voulu que l'ennemi participe à ta victoire ou toi à sa honte.

En premier, je vais t'enseigner les frappes. Et il est nécessaire que tu connaisses les noms des coups parmi lesquels cinq sont les principaux et deux autres ne le sont pas. Le premier est le *mandritto*, le second est le *roverso*, le troisième est le *fendente*, le quatrième est la *stoccata* ou bien *punta*, le cinquième est le *falso*. Et parce que l'épée a deux taillants, on nomme celui qui regarde l'ennemi le droit fil, et celui qui regarde vers soi le *falso*. Ainsi donc quand on tirera naturellement vers l'ennemi un coup principal prenant de l'oreille gauche et continuant jusqu'au genou droit, ou alors à n'importe quelle autre partie du moment que ce coup soit tiré au côté gauche de l'ennemi, celui-ci sera nommé *mandritto*. Mais si l'on tire son contraire, c'est-à-dire au côté droit soit en haut, soit en bas selon votre envie, ce coup sera nommé *roverso*. Et si on lève l'épée au milieu des deux coups précédents, c'est-à-dire directement au-dessus de la tête, on nommera ce coup un *fendente*. Et chaque coup que tu feras depuis le sol vers le haut, ou à la tête de l'ennemi, ou à droite, ou à gauche, sera nommé *falso*. Et si tu pousses un estoc à l'ennemi, il sera toujours appelé *stoccata* qu'il soit avec le pied droit ou avec le gauche, ou au-dessus, ou en dessus.

Outre ces cinq coups, il en reste deux qui ne soient pas principaux car seulement présents dans le jeu de l'épée et de la bocle. Le premier est le *tramazzone*, lequel se fait avec le poignet de la main d'épée s'articulant de bas en haut vers ton côté gauche à la façon d'un *fendente*. L'autre coup est nommé *montante* parce qu'il se tire de bas en haut à la façon d'un *falso* qui monte en *guardia alta*.

Chapitre 3 : Des offenses depuis la guardia alta

Ayant déjà traité des gardes, des noms des coups et de comment ils se font, maintenant nous commencerons l'enseignement des frappes et les suivront de leurs remèdes. Et parce que toujours les meilleurs joueurs s'arrêtent dans des gardes pour leur sûreté, je te montrerai comment déconcerter et frapper l'ennemi dans chacune de ces dix gardes, et ensuite comment l'on doit s'en défendre. Et en premier, nous parlerons des offenses qui peuvent se faire depuis la *guardia alta*.

Ainsi, prenons le cas où toi et ton ennemi êtes tous deux en *guardia alta* et que tu es l'attaquant. Tu peux tirer un *mandritto* à sa main d'épée qui va au-dessus du bras, et bien retourner d'un *roverso* à cette même main, et ensuite lui monter un *montante* en haut qui retourne en *guardia alta*. Et si tu fais ces trois coups, l'ennemi ne

OPERA NOVA

pourra en tirer aucun vers toi qui pourrait t'offenser parce qu'à chaque fois tu iras contre sa main d'épée.

Mais si cela ne te plait pas de lui tirer ces trois coups précédents, tu peux lui tourner un *roverso* à la cuisse. Et si l'ennemi te tire à la tête, atteins-lui la main d'épée avec un *falso traversato* par-dessus le bras.

Ou bien, tu peux faire semblant de monter d'un *montante*, et dans ce temps passer d'un grand pas avec le pied gauche devant et aller avec l'épée en *guardia di testa* en attendant là le coup de l'ennemi sur ton épée. Cela fait, tu pourras ensuite rapidement aller avec le pied droit vers son côté gauche en lui donnant dans ce temps un *mandritto* à la tête, avec le pied gauche suivant par derrière le droit, et en allant en *guardia di testa* pour te couvrir.

Autrement tu pourras également faire semblant de descendre avec un *roverso* à la cuisse en ayant bien l'œil à la main de l'ennemi. Et quand il te tirera à la tête, tu lui tireras rapidement de là un *mandritto* par-dessous le bras à sa main d'épée, en faisant que ta bocle garde bien la tête et en fuyant en arrière avec un *roverso* pour ta sûreté.

Tu pourras de même lui tailler un *tramazzone* qui tombe en *porta di ferro* tout découvert de sorte qu'il ait une raison de te tirer un coup. Tu iras alors rapidement avec l'épée en *guardia di testa* en avançant un peu du pied droit devant, et de là tu te défendras en tirant successivement un *mandritto* à la face ou à la jambe et en protégeant pareillement la tête avec la bocle. Et ensuite, tu fuiras d'un *roverso* avec le pied en arrière pour te garder.

Tu pourras également lui tirer un *tramazzone* vers son côté droit en passant en avant[3] avec le pied gauche, et ensuite lui faire croire de vouloir le frapper d'un *roverso* mais au final lui tirer un *mandritto*.

Ou bien tu feinteras de le frapper d'un *tramazzone* et tu le frapperas d'un *mandritto*.

Si cela ne te plaît pas, tu peux tirer une *punta* par-dessus la main en la suivant d'un ou deux *tramazzoni*.

---

3   *Trapassando* : vient de *trapassare*, passer outre, passer devant

Ou bien tu le frappes d'un *fendente* accompagné d'un *tramazzone*.

Ainsi sont finies les multiples façons par lesquelles on peut offenser celui qui restera contre toi dans cette dite garde.

Et si tu es l'offensé, nous verrons rapidement ci-dessous les contres, ou ripostes, aux offenses précédentes.

Chapitre 4 : Des contres qui peuvent se faire par celui qui est offensé en guardia alta

L'ennemi te lançant le coup qu'il lui plaît pour t'offenser quand tu es en *guardia alta*, toi tu percuteras le rebord de ta bocle de bas en haut trois ou quatre fois, c'est-à-dire avec le *fendente* et le *falso* de l'épée. Et en faisant cela, tu viendras à être en sûreté d'un quelconque coup offensif.

Contre chacune de ces frappes, tu peux également tirer le pied droit d'un grand pas derrière le gauche, en chassant une *punta* à la façon d'un *montante* qui va en *guardia di faccia*.

Chapitre 5 : Des offenses que l'on peut faire contre quelqu'un en guardia di testa

Vous trouvant tous les deux dans cette *guardia di testa* et toi voulant offenser ton ennemi, tu peux tirer un *mandritto* à la face ou au flanc ou à la jambe.

Ou bien lui pousser une *punta* à la face et tirer un *tramazzone*.

Ou bien faire semblant de frapper d'un *mandritto* mais tirer un *roverso*.

Ou si cela te plaît plus, lui faire deux *mandritti*.

Également, tu peux faire semblant de tirer un *tramazzone* et néanmoins le frapper d'un *mandritto*.

Chapitre 6 : Des contres à faire si on doit se défendre d'un autre en guardia di testa.

Les contres que tu peux faire aux précédentes offenses sont ceux-ci :

Au *mandritto* au flanc, à la jambe ou à la face, tu peux retirer le pied droit d'un grand pas derrière le gauche, et dans ce temps éviter le *mandritto* comme il se doit. Et te trouvant à la suite de cela en *coda longa e alta*, tu pousseras une *punta* à la face, et dans cette frappe tu iras avec le pied droit devant dans un grand pas en lui donnant dans ce temps un *mandritto* à la face.

Si l'ennemi te tourne une *punta* avec un *tramazzone*, tu te couvriras de cette *punta* avec l'épée. Et quand il tournera les *tramazzoni*, tu mettras la main d'épée sous la bocle en dirigeant la pointe de ton épée vers sa main.

Si par contre il tire un *mandritto*, tu iras avec l'épée en *guardia di faccia*. Et pendant qu'il tourne un *roverso* en haut ou en bas, tu le pareras avec ton épée et tu lui tourneras aussitôt un *mandritto* de la meilleure façon qu'il te paraîtra.

Aux deux *mandritti*, tu pourras t'opposer en taillant un *mezzo mandritto* à la main d'épée à l'intérieur du rebord de ta bocle, ajustant ensuite ton épée en *porta di ferro stretta*. Et quand il te tirera l'autre *mandritto*, tu t'en défendras avec un *falso*, lui tirant en haut un *mandritto* à la face, tout en avançant dans ce même temps avec le pied droit devant pour avoir un meilleur moyen de le frapper.

S'il fait semblant de tirer un *tramazzone* pour donner un *mandritto*, toi dans cette feinte tu t'opposeras en tournant un *mandritto* et en ramenant l'épée en *porta di ferro stretta*. Et quand l'ennemi tirera le *mandritto* pour te toucher, tu le frapperas aussitôt avec le *falso*, et tu lui donneras un *roverso* à la cuisse.

Chapitre 7 : Des offenses qui peuvent se faire contre quelqu'un arrangé en guardia di faccia

Étant tous les deux en garde et toi voulant offenser l'ennemi, tu peux pousser une *punta* dans sa face.

Ou bien le provoquer avec un *mandritto* puissant.

Ou avec un *tramazzone*.

Ou si cela te plaît plus, tu frapperas avec le *falso* de ton épée dans celle de ton ennemi en tirant à la face.

Ou bien en faisant semblant de tirer un *roverso* de bas en haut, tu pourras lui donner un *mandritto*.

Chapitre 8 : Des contres en riposte aux précédentes offenses en guardia di faccia

Tu seras avisé que, pendant que l'ennemi poussera une *punta*, tu passeras avec le pied gauche vers son côté droit, et dans ce pas tu feras une demi-volte avec le poing de l'épée de telle sorte que l'ennemi reste à l'extérieur. Et alors, tu le frapperas ensuite à la face.

S'il tire un *mandritto*, quand il élèvera son poing d'épée, toi aussitôt tu offriras la pointe de la tienne à celui-ci de sorte que par peur il se résigne à l'abaisser.

Si néanmoins, il tire un *tramazzone*, tu te couvriras avec un *falso*, c'est-à-dire que tu tourneras bien celui-ci vers son côté gauche, pour que non seulement cela vienne à te protéger du *tramazzone*, mais également à lui donner du droit fil dans la face.

S'il frappe ton épée pour te donner dans la face, toi rapidement tu feras une demi-volte avec le poing d'épée, et ainsi tu resteras en sûreté.

S'il fait semblant de faire un *roverso* de bas en haut pour te donner un *mandritto*, toi dans cette feinte, tu rapprocheras la main d'épée de la main de bocle. Et quand il fera le *mandritto*, tu tireras le pied droit d'un grand pas derrière le gauche et tu pousseras ton droit fil dans sa main d'épée.

Chapitre 9 : Des offenses que l'on peut faire contre quelqu'un en guardia di sopra braccio

Tu peux tirer un *roverso*.

Ou bien faire semblant de tirer deux *roversi* et cependant l'offenser d'un *mandritto*. Et pour faire de telles offenses, comprends que vous êtes tous les deux dans cette même garde, et cela est dit une fois pour toute.

Ensuite, tu peux également tirer un *roverso* à l'intérieur du rebord de ta bocle.

Ou bien feindre de lui donner un *roverso* et le frapper de *mandritto*.

Ou bien passer avec le pied gauche vers son côté droit et feindre de lui donner un *roverso*, passer avec le pied droit vers son côté gauche et lui donner un *fendente* dans la tête, de sorte que la jambe gauche suive la droite par derrière.

Tu peux également faire semblant de pousser une *punta roversa* par-dessus le bras et néanmoins tirer un *tramazzone*.

Ou bien tu peux faire ensemble un *roverso*, un *fendente* et un *tramazzone*.

Ou bien tu peux aller avec le pied gauche devant et lui pousser une *punta* par-dessus la bocle. Puis passer avec le pied droit, et de là tu pourras lui tirer un *mandritto* ou un *tramazzone* comme tu veux.

Tu peux aussi guider le pied droit vers son côté droit en tirant un *roverso spinto* ou en lui donnant un *mandritto*.

Chapitre 10 : Des contres aux précédentes offenses en guardia di sopra braccio

[4]Quand l'ennemi te tirera les deux précédents *roversi*, tu te couvriras du premier avec l'épée. Et quand il fera le second, toi aussitôt tu ramèneras ton pied droit auprès du gauche et tu passeras avec ce pied gauche devant en lui donnant dans ce temps un *roverso spinto* dans la face.

4   Il manque ici le contre au premier *roverso*

S'il fait semblant des deux *roversi* pour donner le *mandritto*, tu jetteras le pied droit derrière le gauche en allant avec l'épée en *cinghiara porta di ferro*. Et quand il voudra frapper du *mandritto*, toi aussitôt tu retourneras avec le pied droit devant en frappant en même temps celui-ci d'un *falso* de ton épée et en lui tirant un *roverso*.

S'il frappe avec le *roverso* à l'intérieur du rebord de la bocle, tu tourneras un *mandritto* à la face.

S'il fait semblant du *roverso* pour te donner un *mandritto*, à cette feinte tu iras en *guardia di faccia*. Et quand il tirera pour te donner ce *mandritto*, tu te feras petit sous l'épée pour te couvrir de celui-ci, et tu passeras aussitôt avec le pied gauche vers son côté droit en lui poussant un *roverso* à la tempe droite, de sorte que la jambe droite suive la gauche par-derrière.

S'il passe avec le pied gauche pour feindre de te donner du *roverso*, toi aussitôt tu t'arrangeras avec ton épée en *guardia di faccia*. Et quand il passera vers ton côté gauche pour avoir l'occasion de te donner un *fendente*, tu lui frapperas aussitôt la tempe droite d'un *roverso* en traversant.

S'il pousse la *punta roversa*, tu t'en défendras avec ton épée. Et quand il tirera les deux *tramazzoni*, aussitôt tu iras avec l'épée en *guardia di testa* et là tu t'en défendras, en le frappant d'un *mandritto* à la face.

S'il tire de *roverso*, tu lui tourneras une *punta* à la main en l'accompagnant de la bocle. Et s'il tire de *fendente*, tu iras avec l'épée en *guardia di testa* pour t'en couvrir. Et s'il tourne le *tramazzone*, toi aussitôt tu iras avec le pied gauche devant dans un grand pas, et tu t'en défendras avec la bocle en lui donnant une *stoccata* au flanc et tu t'élèveras avec un saut en arrière.

S'il passe avec le pied gauche devant et qu'il pousse une *punta* à la face par-dessus le bras, tu t'en couvriras avec ton épée. Et quand il passera avec le pied droit pour te donner un *mandritto*, tu lui donneras un *roverso* dans sa cuisse droite avant que le coup n'arrive dans son extension.

Quand il tirera les deux *tramazzoni*, tu te défendras avec ton pied droit devant et avec l'épée en *guardia di testa* et tu lui tireras une *punta* dans la face.[5]

S'il passe avec le pied gauche vers ton côté droit pour te donner un *roverso spinto* dans la face, tu lui tourneras aussitôt un *falso* dans sa tempe droite de sorte que la bocle défende bien la tête.

Quand il donnera le *mandritto*, tu tireras aussitôt le pied droit auprès du gauche en élevant en même temps le bras d'épée pour eviter celui-ci. Puis tu pourras jeter le pied droit devant le frappant en réponse d'un *mandritto* à la tête.

Chapitre 11 : Des offenses que l'on peut faire contre quelqu'un qui est en guardia di sotto braccio

Tu peux tirer un *roverso* à la face.

Ou bien lever un *falso* et tirer néanmoins un *mandritto* à la face.

Tu peux également tirer un *roverso* en fuyant derrière avec le pied gauche.

Ou bien pousser une *punta* dans la main de l'ennemi.

Ou avec le pied gauche devant, lever en l'air un *falso* et dans ce temps chasser une *punta* à la façon d'un *montante* promptement en passant avec le pied droit devant, puis tourner un *tramazzone* qui tombera en *porta di ferro stretta*.

Chapitre 12 : Des contres aux offenses en guardia di sotto braccio

Quand l'ennemi tirera le *roverso* à ta face, tu passeras avec le pied gauche devant vers son côté droit en lui tirant dans ce temps un *roverso* à la tempe droite.

---

[5] Cette défense ne correspond ici à aucune des attaques décrites dans le chapitre précédent

Si l'ennemi fait le *falso* suivi du *mandritto*, tu lèveras le *falso* de ton épée à son encontre, et dans sa frappe de *mandritto*, tout en jetant le pied droit un grand pas derrière le gauche, tu donneras un *mezzo mandritto* dans son épée te replaçant en *cinghiara porta di ferro*. Et ainsi tu passeras aussitôt avec le pied droit d'un grand pas devant en poussant une *punta* dans la face de l'ennemi, tirant ensuite un *mandritto* aux tibias.

S'il tire du *roverso* en fuyant en arrière, tu iras en avant avec le pied gauche en tirant en même temps un *roverso* à la face.

Quand il pousse une *punta* à la main d'épée, tu iras avec l'épée en *coda longa e alta* en jetant promptement le pied droit d'un grand pas derrière le gauche.

Si à l'occasion il tire un *falso* en *guardia alta*, pendant qu'il voudra chasser une *punta* à la façon d'un *montante*, tu tireras le pied droit derrière le gauche et tu iras en *cinghiara porta di ferro*. Et s'il tire le *tramazzone*, tu retourneras devant d'un grand pas avec le pied droit et tu te couvriras de celui-ci du *falso*, lui donnant ensuite un *mandritto* à la face.

Chapitre 13 : Des offenses qui peuvent se faire contre la garde de porta di ferro stretta

Tu peux tourner un *tramazzone*.

Ou bien aller avec le pied gauche devant en poussant une *punta* à la face, et ensuite passer avec le pied droit devant en tournant deux *tramazzoni*.

Tu peux également faire semblant de tirer un *tramazzone* et toutefois lui donner un *roverso* à la cuisse.

Tu peux aussi pousser une *punta* à la face et en passant avec le pied gauche devant faire semblant de lui donner un *roverso* à la tête, et lui donner alors un *mandritto* à la tête ou à la jambe comme tu veux.

Ou bien tu peux pousser une *punta* avec le pied gauche devant et ensuite aller avec le pied droit d'un grand pas devant en tirant un *roverso* de bas en haut au bras, et lui tourner aussitôt un *mandritto* à la tête ou à la jambe. Et pour te défendre, tu feras un *roverso* à la main d'épée en jetant le pied droit d'un grand pas derrière le gauche. Et cela est la couverture des deux derniers coups.

Chapitre 14 : Des contres qui se font dans la garde précédente de porta di ferro stretta

Pendant que l'ennemi voudra te percuter d'un *tramazzone*, dans le tour qu'il fera du poing, tu lui tourneras un *falso* vers son côté gauche, te défendant de celui-là, et tu lui tireras du droit fil dans la face.

S'il passe avec son pied gauche devant pour te donner une *punta* dans la face, tu frapperas cette *punta* jusqu'en *guardia di faccia*. Et pendant qu'il tournera le *tramazzone*, tu te feras petit sous ton épée en allant en *guardia di faccia* te défendant de celui-ci avec le droit fil. Et aussitôt, tu passeras d'un grand pas avec le pied gauche vers son côté droit le frappant dans la tempe droite d'un *roverso* en haut, avec la jambe droite suivant derrière la gauche.

S'il fait semblant de te donner du *tramazzone*, tu iras avec l'épée en *guardia di faccia*. Et quand il tirera le *roverso* à la cuisse, tu lui tireras aussitôt un *roverso* au bras d'épée en jetant le pied droit derrière le gauche.

Quand il poussera la *punta* avec le pied gauche pour te frapper la face, tu te défendras avec le *falso*. Et s'il fait semblant du *roverso*, tu feras une demi-volte du point à son encontre. Et quand l'ennemi tournera le *mandritto*, tu tireras en opposition un *mezzo mandritto* à son poing.

Quand il poussera la *punta* avec le pied gauche pour te donner au visage, toi en jetant le pied droit derrière le gauche et de travers, tu iras en *cinghiara porta di ferro*. Et si l'ennemi va avec le pied droit en faisant un *roverso* pour te frapper la tête d'un *mandritto*, tu défendras le *mandritto* avec le *falso*, et tu passeras avec le pied droit devant en tirant en réponse un *mandritto* à la face.

Chapitre 15 : Des offenses contre la porta di ferro larga

Tu pourras faire *falso* et *roverso*.

Ou bien lever un *falso* et tirer de *mandritto* à la face, de sorte que le pied gauche pousse le droit devant.

Tu peux également tirer deux *punte*, l'une à la droite du visage en passant avec le pied gauche vers son côté droit. Tu lui pousseras l'autre ensuite dans le flanc en passant avec le pied droit vers son côté gauche et en retirant la main en arrière. Et afin de pouvoir réaliser plus librement cette *punta*, pendant que tu la feras tu bloqueras son épée avec ta bocle avec le pied gauche suivant le droit. Et cela fait, tu lui percuteras la tête d'un *fendente*.

Tu peux également aller avec le pied droit devant et lui tirer un *roverso* à la tête.

Ou bien tu peux lever un *falso* jusqu'en *guardia di faccia*, et de là lui tourner un *tramazzone*.

Également, tu auras merci de lui tirer un *falso* en *guardia alta*.

Ou bien lui tirer une *punta trivellata* suivie d'un *tramazzone*.

Chapitre 16 : Des contres aux précédentes offenses en garde de porta di ferro larga

Quand l'ennemi tirera le *falso* et le *roverso*, tu frapperas ce *falso* d'un même *falso*. Et pour te défendre du *roverso*, tu lui tourneras un *mandritto* à sa tempe gauche.

Quand il lèvera le *falso* pour tirer de *mandritto*, toi aussitôt en faisant semblant de même de l'atteindre d'un *falso*, tu tireras l'épée à toi avec ton poing et tu lui pousseras une *punta* dans la face dans le temps où l'ennemi tirera le *mandritto*. Et de là, avec une grande vitesse tu iras avec le pied gauche vers son côté droit en tirant un *roverso* à la tête.

S'il tire les deux *punte*, quand il poussera la première, tu la pareras aussitôt avec le *falso* de l'épée. Et dans le déplacement qu'il fera du pied droit pour donner la seconde, tu t'en couvriras avec le droit fil. Et pendant qu'il tournera le *fendente* à la tête, tu te défendras de celui-ci en *guardia di faccia*, lui tirant un *roverso* à la cuisse.

Quand il passera avec le pied droit vers son côté droit pour te donner un *falso* dans la face, tu t'en défendras avec le *falso*.[6]

Quand il passera avec le pied droit pour te donner un *roverso*, toi aussitôt tu iras en *guardia di testa* te couvrant de celui-ci. Ensuite tu tireras un *mandritto* à la face ou à la jambe comme tu veux.

S'il tire de *falso* pour te frapper la face, tu iras avec l'épée en *guardia di faccia* te défendant de celui-là. Mais s'il tourne des *tramazzoni*, tu iras avec l'épée en *guardia di faccia* et ainsi tu seras sauf.

Pendant qu'il tirera un *falso* qui va en *guardia alta*, tu le laisseras aller en haut tout en l'évitant.

Quand il tirera la *stoccata*, tu t'en défendras avec le *falso*. Mais s'il tire de *tramazzone*, tout en allant avec le pied gauche vers son côté droit, tu lui tireras un *tramazzone* au bras d'épée avec la jambe droite suivant la gauche.

Chapitre 17 : Des offenses qui peuvent se faire contre la cinghiara porta di ferro

Étant en garde de *cinghiara porta di ferro*, tu peux pousser une *punta* à la face avec le pied droit devant et tirer ensuite un *mandritto* contre ton ennemi qui est bien dans cette garde.

Ou bien suite à la poussée de la *punta*, tu tireras un *roverso* à la jambe.

Ou bien ayant fait cette *punta*, tu peux passer avec le pied gauche vers son côté droit, et en posant ta bocle sous sa main d'épée tu lui tireras un *mandritto* à la jambe avec ton pied droit suivant le gauche.

Tu peux également pousser deux *punte*, une avec le pied droit devant et passer promptement avec le gauche vers son côté droit. Ensuite, quand tu auras tiré ton poing à toi, tu lui en pousseras une autre dans la face.

---

6   Cette défense ne correspond à aucune des attaques données au chapitre précédent

Tu peux aussi lever un *falso* en *guardia di faccia* en passant avec le pied droit devant et le frapper d'un *mandritto*.

Ou bien pousser une *punta* suivie d'un *tramazzone*, bien avec le pied droit devant.

Ou bien suite à la *punta*, faire semblant de lui donner un *roverso* et le frapper de *mandritto*.

Ou bien suivre cette *punta* avec une autre *punta trivellata*, en tirant le poing en arrière en faisant celle-ci.

Chapitre 18 : Des contres aux offenses de cette précédente garde de cinghiara porta di ferro

Quand l'ennemi poussera une *punta* avec le pied droit, tu t'en défendras avec le *falso*. Et pendant qu'il voudra te frapper du *mandritto*, tu lui donneras un *mezzo mandritto* dans le bras d'épée en jetant ton pied gauche derrière le droit.

Quand il te poussera une *punta*, tu t'en défendras avec le *falso*. Et quand il voudra venir avec le *roverso* à ta face, tu t'en couvriras en *guardia di testa* en passant avec le pied droit devant et en le frappant ensuite d'un *mandritto* à la face.[7]

S'il pousse la *punta* avec le pied droit devant, tu t'en défendras avec le *falso* en passant bien devant avec ce même pied droit. Et dans le pas qu'il fera du pied gauche devant pour te frapper la jambe en traversant d'un *mandritto*, tu lui frapperas aussitôt la main d'épée d'un *mezzo mandritto* en jetant le pied droit derrière le gauche.

S'il pousse les deux *punte*, tu frapperas la première de *falso* en passant avec le pied droit devant, et la seconde du droit fil en allant avec pied gauche ensuite devant et en le frappant d'un *falso* à la face.

S'il lève le *falso* pour te donner un *mandritto* en ayant le pied droit devant, tu jetteras le pied gauche derrière le droit et tu iras en *porta di ferro larga*. Et quand il laissera tomber le *mandritto* à la tête, tu t'en

---

7   Cette défense ne correspond à aucune des attaques données au chapitre précédent. Il manque au contraire le contre du *roverso* à la jambe.

défendras avec le falso et tu lui donneras de ton *mandritto* à la face.

S'il pousse avec le pied droit devant une *punta* accompagnée d'un *tramazzone*, tu t'en défendras de même avec le *falso*. Et pendant qu'il tournera le *tramazzone*, tu te couvriras en *guardia di faccia*.

Quand il voudra pousser la *punta* avec le pied droit devant, tu frapperas d'un *falso* sans déplacement. Et quand il voudra feinter de *roverso*, tu lui tourneras du droit fil contre cette feinte en passant avec le pied droit devant. Et quand il tournera la frappe de *mandritto* à la tête, tu iras en *guardia di testa* te défendre de celui-ci et tu lui en donneras un similaire dans la face.

S'il pousse une *punta* à la face avec le pied droit devant, tu lui tourneras un *tramazzone* sur celle-ci sans bouger les pieds. Et s'il pousse la *punta trivellata*, en passant avec le pied droit devant d'un grand pas, tu t'en défendras avec un *falso* en lui en poussant une bonne dans la face.

Chapitre 19 : Des offenses à faire si vous devez être en coda longa e alta avec le pied gauche devant

Tu peux aller avec le pied droit devant et faire *falso* et *mandritto*.

Ou en passant bien avec ce même pied, faire un *falso* puis faire semblant du *mandritto* et cependant lui tirer un *roverso*.

Également, une fois que ce pied sera passé, tu peux pousser une *punta* et tirer de *mandritto*.

Ou en passant bien avec ce même pied, tirer une *punta* suivie d'un *roverso*.

Également, en tirant le pied gauche auprès du droit et en passant ensuite avec le pied droit devant, tu peux le frapper d'un *fendente*.

Ou bien avec le pied droit devant, tu peux pousser une *punta* accompagnée d'un *tramazzone*.

Ou bien lui tirer cette *punta* dans la face avec ce pied droit devant. Puis tu pourras passer avec le gauche vers son côté droit et en plaçant ta bocle sous son épée tu lui tireras un *mandritto* à la jambe de telle sorte que le pied gauche suive le droit par derrière.

Chapitre 20 : Des contres qui peuvent se faire aux précédentes offenses en coda longa e alta

Quand l'ennemi en passant avec le pied droit devant fera *falso* et *mandritto*, toi sans déplacement tu t'arrangeras en *cinghiara porta di ferro*. Et pendant qu'il tirera du *mandritto*, tu passeras avec le pied droit devant en frappant celui-ci avec le *falso*, et tu lui tireras aussitôt un *mandritto* à la face ou à la jambe comme tu veux.

Quand il fait un *falso* puis semblant du *mandritto*, toi en passant avec le pied droit devant tu iras en *guardia di faccia*. Et dans le tour qu'il fera du *roverso* à la cuisse, toi en passant avec le pied gauche devant et en tournant la pointe vers le sol tu t'en couvriras et tu lui pousseras aussitôt une *punta* au visage.

S'il pousse une *punta* avec le pied droit devant pour te donner un *mandritto*, dans la poussée de la *punta* tu passeras avec le pied droit devant t'en défendant avec le droit fil. Et quand il voudra te frapper de *mandritto*, tu lui pousseras une *punta* au visage sans bouger les pieds.

Quand avec le même pied droit il passe pour pousser une *punta* et tourner un *roverso*, dans la poussée de la *punta* qu'il fera, tu te défendras de celle-ci avec le droit fil en même temps en passant avec le pied droit. Et pendant qu'il voudra tirer de *roverso* à la jambe, tu jetteras le pied droit en arrière à droite tout en frappant son bras d'épée avec un *roverso*.

S'il fait un changement des pieds pour te donner un *fendente*, tu te couvriras aussitôt en *porta di ferro*. Et quand il passera avec le pied droit pour te frapper de *fendente*, tu t'arrangeras en *guardia di testa* te défendant de celui-ci et tu lui tireras un *mandritto* à la face ou à la jambe, comme tu veux.

Si avec le même pied il te pousse une *punta* pour te donner du *tramazzone*, toi tu frapperas celui-là du *falso*, et en passant avec le pied droit vers son côté gauche tu lui tireras un *mandritto* à la tête de sorte que le pied gauche suive le droit par derrière.

S'il pousse avec le même pied une *punta* en passant ensuite avec le pied gauche pour te donner un *mandritto* à la jambe, quand il poussera la *punta*, tu la frapperas avec le *falso* de l'épée. Et pendant qu'il voudra passer pour te frapper de *mandritto*, tu lui frapperas la main d'épée d'un *mezzo mandritto* en jetant le pied gauche derrière.

Chapitre 21 : Des offenses qui se font quand on se trouve en coda longa e stretta avec le pied droit devant

Tu pourras pousser une *punta* avec le pied gauche devant et ensuite passer avec le pied droit et lui donner un *mandritto*.

Ou alors en faisant bien la précédente *punta*, tu peux aller avec le pied droit devant et tourner un *tramazzone*.

Ou bien après avoir poussé cette *punta*, en passant avec le pied droit devant tu feras semblant de lui donner un *mandritto*, le frappant cependant d'un *roverso* à la face ou à la jambe.

Également, suite à la poussée de cette *punta*, tu pourras passer avec le pied droit devant en lui tirant un *fendente* à la tête.

Chapitre 22 : Des contres qui se font en coda longa e stretta avec le pied droit devant

Quand il poussera la *punta* avec le pied gauche devant afin de frapper de *mandritto*, tu la frapperas avec le *falso*. Et lui voulant t'offenser avec le *mandritto*, sans déplacement tu frapperas sa main d'épée avec un *mezzo mandritto*.

Si après avoir poussé cette *punta* il veut te donner un *tramazzone*, tu t'opposeras à celle-là avec le droit fil. Puis pour être en sûreté du *tramazzone* tu t'arrangeras en *guardia di faccia* sans bouger les pieds.

Si suite à la précédente *punta* il fait semblant de te tirer un *mandritto* pour néanmoins te tirer un *roverso*, pour te défendre de la *punta*, tu en pousseras une similaire à celle de l'ennemi afin que les deux épées se rencontrent avec le droit fil. Et pour te défendre du *mandritto*, tu t'arrangeras en *guardia di faccia* sans bouger aucunement. Et dans le *roverso* qu'il fera à la face, tu frapperas celui-là en faisant une demi-volte de la main et tu lui tireras un *mandritto* à la jambe ou à la face. Mais si ce *roverso* vient à la jambe, en allant aussitôt avec le pied gauche devant vers son côté droit tu lui pousseras une *punta* dans la face en laissant aller le pied droit derrière le gauche.

Si suite à la *punta* il veut te frapper la tête d'un *fendente*, tu te défendras de la *punta* avec un *mezzo mandritto* qui le percutera à sa main d'épée. Et pour te défendre du *fendente*, tu iras aussitôt en *guardia di testa*. Et ainsi protégé, tu lui donneras en riposte un *mandritto* à la face ou à la jambe comme tu veux.

LIVRE SECOND

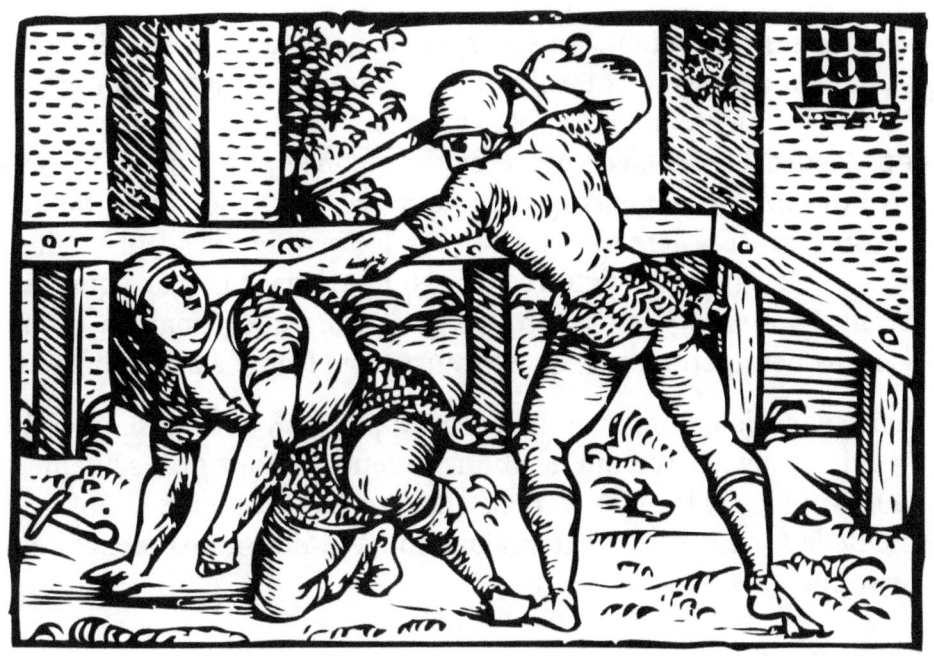

Ayant suffisamment traité dans le précédent livre des dix fameuses gardes et des offenses qui peuvent naître de celles-ci, il m'a paru diligent de vous donner les instructions dans le suivant de trois magistraux jeux, ou assauts, que vous désirez à l'épée et à la petite bocle. Et vos élèves devront en être bien reconnaissants car ceux-ci rendront plaisantes et rapides autant la personne que les jambes et les mains.

On ne doit pas s'étonner que je parle des jambes parce que celui qui n'appréciera pas les déplacements dans le temps et suivant la façon que nous lui enseignerons, et que nous lui avons enseigné, ne pourra jamais rapporter de grâce ou de victoire du jeu.

Pas de grâce, car les riches parures embellissent les charmantes et belles nymphes flânant au mont Menalus ou au Lyceum autant que l'élégant déplacement embellit les coups de la radieuse épée. Et quand elle est privée de ces pas convenables, elle recherche la disgrâce telle une nuit sereine qui serait veuve de ses étoiles brillantes. Et comment pourrait-on être candidat à la victoire là où manque l'élégante grâce ?

Ainsi, raisonnablement, nous n'appellerons pas quelqu'un vainqueur si par chance il gagne ou s'il a tiré des coups au hasard comme un paysan. De même nous n'appellerons pas vaincu celui qui aura fait son devoir. Perdre avec grâce est une chose plus louable auprès des hommes intelligents que de vaincre par chance et en dehors de toute grâce. Même si quelquefois la fortune prend place dans la vilaine disgrâce, la victoire siège toujours dans la grâce qui n'est jamais excessive. C'est pourquoi je conclus que jamais la bonne grâce ne peut perdre bien qu'elle puisse être frappée par le malheur.

Mais avant de commencer à parler du propos[8], nous enseignerons à venir au jeu. Parce que les bons joueurs se font non seulement dans l'offense et la défense, mais aussi en donnant leurs coups avec une belle forme et en y intercalant souvent des mouvements de la personne.

Le premier assaut

Premièrement, t'opposant à ton ennemi, tu te placeras dans un coin de la salle ou d'un autre emplacement spacieux, joyeusement arrangé de ta personne, debout avec l'épée et la bocle en mains de sorte que chaque mouvement, chaque façon et chaque geste soient pleins de grâce.

Et en voulant aller vers ton ennemi, tu passeras avec le pied droit de travers vers ton côté droit, et dans ce déplacement tu donneras un coup de *falso* dans l'umbo[9] de la bocle tout en plaçant l'épée en *guardia alta*, et ta bocle doit regarder[10] vers le visage à la façon d'un miroir. En passant ensuite avec le pied gauche devant, tu retoucheras[11] la bocle arrangeant l'épée en *guardia di testa* et tombant la bocle le long

---

8 *Proponimento* : le dessein, le propos, l'intention selon le FLORIO. Manciolino entend par cela la partie de l'assaut où nous sommes au contact avec notre adversaire.
9 Umbo : partie centrale de la bocle en forme de bosse.
10 *Stare* : rester ou être au premier sens, il peut prendre le sens de regarder dans certains cas.
11 *Ritoccare* : défini par l'action de toucher la bocle avec le pommeau par Marozzo.

de la cuisse gauche. De là, tu marcheras avec le pied droit devant en levant l'épée en *guardia alta*. Puis en passant avec le pied gauche, tu feras un *montante* accompagné d'un *mandritto* par-dessus le bras. De là, tu iras avec l'épée en *guardia di testa*. En marchant avec le pied droit devant, tu toucheras l'umbo de la bocle avec le *falso* et tu feras un *montante* qui s'élève en *guardia alta*.

Ensuite, tu embelliras le jeu. Cela se fait en jetant d'abord le pied droit puis le gauche et en taillant dans le bord de la bocle avec un *fendente* faisant tomber l'épée. Et aussitôt, tu remonteras par la suite en *guardia alta*. Puis en tirant le pied gauche auprès du droit tu feras une retouche de la bocle et tu marcheras devant d'un grand pas avec le pied gauche en ramenant l'épée en *guardia di testa*. De là, en passant de même avec le droit[12] devant, tu percuteras l'umbo d'un *falso* et tu feras un *montante* en *guardia alta* en tirant le pied droit le long du gauche avec la bocle gardant bien la tête.

Ainsi je mets fin à ce point qui contient la façon avec laquelle tu dois aller trouver l'ennemi. Et n'oublie pas, lecteur, cet embellissement du jeu parce que dans plusieurs endroits du présent assaut je le réutiliserai sans le décrire à nouveau.

Quand tu seras auprès de l'ennemi où les coups ne seront plus à réaliser dans le vide, tu passeras d'un grand pas devant avec le pied droit en lui tirant un *mandritto* à la face qui ira par-dessus le bras. Tu retourneras de *roverso* en faisant tomber l'épée en *coda longa e stretta*. Là, tu feras que la bocle couvre bien la tête et retourneras aussitôt avec un *montante* jusqu'en *guardia alta* où il convient que tu tires le pied droit le long du gauche.

De là, en passant avec le pied droit, tu tireras un *fendente* jusqu'en *guardia di faccia*. Ensuite tu passeras avec le gauche vers son côté droit et dans ce temps tu tireras un *tramazzone* tombant en *cinghiara porta di ferro* en opposant la bocle à la tête. Ensuite en passant d'un grand pas avec le pied droit, tu feras un *falso* transversal[13] à la face

---

12 Manciolino parle ici du pied droit. Le mot pied est en général oublié, il précise juste le droit ou le gauche.
13 *Traversale* : équivalent à *trasversale*, signifiant qui va de travers, en croix.

de l'ennemi de sorte que l'épée s'élève ensuite en *guardia alta*. Tu tireras un *mandritto* par-dessus le bras, à la tête ou à la face, en ramenant le pied droit auprès du gauche. Puis tu repasseras avec ce pied droit d'un grand pas en jetant le poing d'épée en haut et en tirant un *mandritto* à la face qui va sous le bras. Ensuite, tu retireras le pied droit à côté du gauche en mettant bien la bocle. De là, en marchant devant de même avec le droit, tu feras un *falso* jusqu'en *guardia di faccia* accompagné de deux *tramazzoni* de sorte que le dernier se termine en *porta di ferro stretta*. De là, en tirant le pied droit au gauche, tu feras un *montante* en *guardia alta*. Cela fait, tu embelliras le jeu comme je t'ai montré ci-dessus.

De là, en passant avec le pied droit devant, tu tireras un *mandritto* par-dessus le bras, puis le pied droit auprès du gauche. Ensuite, tu retourneras avec le même pied droit devant en faisant deux *roversi*, un à la face, l'autre à la cuisse. En laissant aller une *stoccata sopra mano* et qui va par-dessus le bras, tu retireras le pied droit auprès du gauche. Là, tu marcheras avec le gauche en poussant une *punta roversa* dans la face de l'ennemi. Puis tu tireras le pied gauche auprès du droit et tu passeras avec le droit devant en lui poussant une *punta* dans la face accompagnée d'un *roverso* à la cuisse. Cela fait, l'épée tombera en *coda longa e stretta*. Là, tu passeras avec le pied gauche devant en poussant une *punta* dans la face, puis en marchant avec le pied droit devant, tu lui tourneras avec un *tramazzone* à la tête qui tombe en *porta di ferro stretta* en défendant bien la tête avec la bocle. Ensuite, tu feras un *montante* ramenant l'épée en *guardia alta* tout en tirant le pied droit le long du gauche. De là, tu embelliras le jeu de la façon dite.

Puis tu tireras un *mandritto* par-dessus le bras avec le pied droit devant que tu retireras à côté du gauche une fois ce coup fait. Là, tu passeras avec le même droit devant en tirant une *stoccata roversa* dans la face. En marchant aussitôt avec le pied gauche vers son côté droit, tu tourneras un *tramazzone* à la face. Puis en passant avec le pied droit devant, tu lui tourneras un autre *tramazzone* bien dans la face suivi d'une *punta* accompagnée de ta bocle en *guardia di faccia*. Puis tu tourneras le troisième *tramazzone* à la tête, lequel tombera en *porta di ferro stretta*. Tu feras alors un *montante* en *guardia alta* en tirant le pied droit auprès du gauche et tu embelliras le jeu (ici comme au-dessus).

Cela fait, tu feras une estrette de la mi-épée. C'est-à-dire que tu marcheras du pied droit devant d'un grand pas en tirant un *mandritto* sous le bras. Tu ramèneras ensuite le pied droit à côté du gauche et tu retourneras d'un grand pas devant avec le pied droit en faisant un *falso traversato* jusqu'en *guardia di faccia*. Puis en passant de même avec le gauche, tu feras une demi-volte du poing accompagnée d'une *punta* que tu pousseras dans sa face. Puis, tu marcheras avec le pied droit vers son côté gauche en faisant semblant de lui donner un *mandritto* dans son côté gauche puis dans ce temps la jambe droite retournera derrière en lui poussant un *roverso* dans sa tempe droite. Puis en retirant de même le pied gauche, tu frapperas l'ennemi d'un *mezzo mandritto* lequel ira en *guardia di faccia*. Tu pourras t'arranger ensuite en *guardia alta* avec le pied droit le long du gauche et ainsi tu embelliras le jeu comme j'ai dit au-dessus.

Ayant produit le jeu avec ton adversaire, tu feras un retour en arrière non moins beau que l'aller au jeu que tu as fait dans la première partie du présent assaut.

Tu feras celui-ci en retournant avec les pieds en arrière de sorte que tu ailles ensuite du gauche en tirant dans ce temps un *mandritto* sous le bras. En retournant ensuite en arrière de même avec le gauche, tu feras un *montante* de ton côté gauche de sorte que ton épée s'élève en *guardia alta*. Tu feras ensuite un autre *montante* du côté droit en retournant avec l'épée en *guardia alta* et en tirant pareillement le pied droit auprès du gauche. Là, tu tireras un *mandritto* sous le bras en fuyant en arrière avec le pied droit. Puis tu feras une demi-volte de ta personne vers ton côté droit et dans cette volte l'épée devra sortir par dessous le bras en la tournant à la façon d'un tour par-dessus la tête. De cette façon, l'épée ira se trouver en *guardia di alicorno*, c'est-à-dire avec le poing haut et la pointe vers le sol. Là, tu jetteras le pied gauche d'un grand pas en arrière en poussant une *punta* de bas en haut qui montera en *guardia alta* tout en tirant le pied droit à côté du gauche. Ainsi, tu seras retourné de là où tu es parti.

Le second assaut

Il doit être évident à la lecture de ce premier assaut que chacun d'eux est divisé en trois parties. La première est la façon d'aller au jeu. La seconde est le jeu. La troisième est le retour du jeu. Et comme la seconde a les coups offensants, la première et la troisième ont les extravagances et les joies.

Commençons donc le second assaut avec sa première partie qui est cet aller au jeu.

De même, tu t'arrangeras dans un coin de la salle comme tu l'as fait faire à ton élève dans le premier assaut. Tu passeras avec le pied droit vers ton côté droit en frappant l'umbo de la bocle avec le *falso* et en levant l'épée en *guardia alta* de sorte que la bocle soit tournée vers la face à la façon d'un miroir. De là, tu passeras d'un grand pas du pied gauche devant en faisant un grand saut vers l'ennemi. Pendant ce temps, l'épée doit faire un *tramazzone* en *porta di ferro stretta*. Ainsi, tu resteras à pieds joints. Tu passeras aussitôt d'un grand pas avec le pied droit devant en faisant un *montante* en *guardia alta*.

De là, tu embelliras le jeu mais pas de la façon dont tu l'as fait dans le premier assaut parce que chacun de ces trois assauts a un embellissement propre que je décrirai avec plaisir. Et ceux-ci se trouveront au début pour chaque jeu.

L'embellissement de ce second assaut sera de tailler dans le bord de la bocle un *fendente* qui tombera en *cinghiara porta di ferro* tout en tirant dans un même temps le pied droit derrière. Tu fuiras avec le pied gauche derrière le droit et en même temps tu percuteras l'umbo de la bocle. Puis tu feras un *montante* jusqu'en *guardia alta* en tirant le pied droit à côté du gauche.

De là, voulant assaillir l'ennemi, tu guideras le pied gauche devant d'un grand pas en lui tirant une *punta* à la façon d'un *montante* qui va jusque dans la face de l'ennemi. En passant aussitôt bien d'un grand pas avec le droit devant, tu lui tireras un *roverso trivellato* dans la face, le redoublant de deux *tramazzoni* à la tête de sorte que le dernier tombe en *porta di ferro stretta*. Tu feras aussitôt un *montante* en *guardia alta* en tirant le pied droit auprès du gauche. Puis en passant avec le pied droit devant, tu tireras un *mandritto* par-dessus le bras ramenant pareillement le pied droit auprès du gauche. Puis en marchant avec le gauche devant, tu feras un *mezzo roverso* jusqu'en *guardia di faccia*. Et en faisant semblant d'un autre *roverso*, tu conduiras le pied droit devant en lui donnant aussi à voir de le frapper à la tête d'un *mandritto et* dans cette feinte tu lui chasseras une *punta* à la façon d'un *montante* dans la face en marchant avec le pied gauche. Puis avec le droit devant, tu tireras un *roverso* de bas en haut et un *mandritto* allant par-dessus le bras. En jetant ensuite le droit derrière le gauche, tu feras un *roverso* à la main d'épée avec la bocle défendant bien la tête, et l'épée se reposera en *coda longa*. Là, tu t'arrangeras avec le pied gauche devant et avec l'épée en *guardia di testa*. Puis en passant avec le droit vers son côté gauche, tu lui tireras un *fendente* à la tête et dans ce temps la jambe gauche devra suivre la droite par-derrière. Là tu abriteras[14] ton épée en *porta di ferro stretta* en allant ensuite en *guardia di faccia*. De là, tu guideras le pied gauche devant vers son côté gauche et avec la jambe droite qui suit la gauche par-derrière. Cela fait, tu lui tireras un *roverso* à la face. Tu pousseras ensuite une *stoccata* en faisant un élégant saut en arrière. En passant ensuite avec le pied droit devant, tu feras un *montante* en *guardia alta* et tu tireras le pied droit auprès du gauche. Suite à cela, tu embelliras le jeu de la façon ci-dessus.

Reprenant le jeu avec le pied droit devant, tu tireras un *fendente* jusqu'en *guardia di faccia*, ramenant le pied droit à côté du gauche. Puis avec le gauche devant, tu tourneras un *tramazzone* à la tête. En plaçant ensuite le droit devant, tu feras semblant de tourner un autre *tramazzone* et cependant tu lui frapperas la jambe avant d'un *mandritto* avec l'épée allant sous le bras et la bocle défendant la tête. Tu tireras ensuite un *roverso* de bas en haut à la main de l'ennemi, sautant aussitôt en arrière élégamment de sorte qu'une fois ce saut fait tu te trouveras à pieds joints en *coda longa e alta*. De là, en passant avec le pied droit devant, tu feras un *montante* en *guardia alta*. Tu tireras ensuite un *tramazzone* en *porta di ferro*

14 *Ricourar* : *Ricouro* équivalent à *Ricovere* selon le FLORIO, mettre à l'abri

larga totalement découvert et tu resteras attentif. Et dans le cas où l'ennemi veut te frapper la tête, tu iras devant avec le pied gauche en laissant aller l'épée en *coda longa* et tu prendras son coup avec la bocle. Puis tu lui répondras d'un *falso* à travers la tempe gauche de sorte que l'épée aille sous le bras. En jetant par la suite le pied gauche derrière le droit, tu lui tireras au visage un *roverso* tombant en *coda longa* avec la tête bien protégée par la bocle. Là, en ramenant le pied droit derrière le gauche, tu lui pousseras une *punta* dans la face. En retournant ensuite devant avec ce même pied droit, tu lui doubleras deux *tramazzoni* dont le dernier tombera en *porta di ferro stretta*. Tu le suivras d'un *montante* en *guardia alta* et de là pour la troisième fois tu embelliras le jeu de la façon ci-dessus.

En passant ensuite avec le pied droit devant, tu tailleras un *tramazzone* qui tombe en *porta di ferro larga* et tu garderas bien ta tête en la précédant avec ta bocle. Là, en tirant le pied gauche auprès du droit, tu feras un *falso* de bas en haut en allant en *guardia di faccia*. En jetant aussitôt le pied droit devant, tu tireras un *mandritto* transversal à sa face de sorte que l'épée tombera en *porta di ferro*. De là, tu iras avec l'épée en *guardia di testa* et tu lui tireras à la jambe un *mandritto* qui va sous le bras. Ramenant aussitôt le pied droit en arrière, tu lui frapperas la main d'épée d'un *roverso* qui tombe en *coda longa*. De là, en marchant avec le droit devant, tu lui pousseras une *punta* dans la face. Et quand il lèvera l'épée pour s'en défendre, tu mettras aussitôt ta bocle sous celle-ci et tu passeras dans ce temps avec le pied gauche vers sa droite en lui donnant un *mandritto* à la jambe, faisant qu'aussitôt le pied droit suive derrière le gauche. En ramenant ensuite le pied gauche derrière le droit d'un grand pas, tu feras une demi-volte de la main de sorte que ton épée se reposera au final en *coda longa e stretta*. Tu pousseras ensuite une *punta* dans la face sans bouger des pieds. Aussitôt cela fait, tu marcheras avec le pied gauche vers son côté droit en lui tirant un *roverso* à sa tempe droite de sorte que le pied droit suive alors le gauche par-derrière et que la bocle garde bien la tête. De là, tu pousseras une *stoccata* dans la face de l'ennemi, faisant ensuite un saut agile en arrière en ramenant l'épée en *coda longa e alta*. Puis en passant avec le pied droit devant, tu lui pousseras une autre *punta* dans la face en faisant semblant de lui frapper la tête d'un *mandritto*, mais tu frapperas d'un *roverso* à travers sa tempe droite, faisant tomber l'épée en *coda longa*. De là, tu tireras un *falso* transversal à sa main d'épée, lequel ira par-dessus le bras. Puis en levant la main d'épée en l'air, tu lui tireras à la face un *mandritto* qui va sous le bras. Ensuite, en tirant aussitôt en arrière le pied droit, tu lui frapperas la main d'épée d'un *roverso*. De là, en allant avec le pied droit devant, tu lui pousseras une *punta* dans la face et en faisant semblant de lui tirer un *roverso* dans la face, tu lui donneras un *mandritto* à travers la tempe gauche, ramenant l'épée en *porta di ferra stretta* où tu défendras bien la tête avec la bocle. En retirant ensuite le pied droit derrière, tu feras une demi-volte du poing ramenant l'épée en *coda longa e stretta*. Là sans bouger les pieds, tu tailleras à la main adverse un *mezzo mandritto* qui tombera en *cinghiara porta di ferro*. Tu iras ensuite avec le pied droit devant et tu lui pousseras une *punta* dans la face, la redoublant avec deux *tramazzoni* à la tête tout en gardant bien ta tête avec ta bocle. Puis tu feras un *montante* en *guardia alta* en ramenant le pied droit à côté du gauche. Cela fait, tu embelliras le jeu de la façon dite ci-dessus.

Ensuite, tu feras une estrette de la mi-épée, laquelle se fait en tirant un *tramazzone* qui tombe en *porta di ferro larga*. Tu mèneras aussitôt le pied gauche devant en lui poussant une *punta* au côté droit du visage et quand il lèvera l'épée pour se défendre de cette *punta*, tu la lui prendras par le côté intérieur avec ta main gauche et tu lui tireras un *mandritto* à la tête ou à l'endroit qu'il te paraîtra le mieux. Ainsi tu auras fini le jeu avec satisfaction.

Et, comme il est d'usage, je veux que tu partes du jeu avec légèreté. Toi en allant avec le dos en arrière, dans cet aller, tu jetteras le pied droit derrière en tirant un *mandritto* sous le bras. De là, en retirant de même le gauche derrière, tu feras un *montante* à ton côté gauche et un autre du côté droit avec lequel l'épée ira en *guardia alta*. En jetant ensuite une nouvelle fois le pied droit derrière, tu tireras un *mandritto* sous le bras et là, en tournant de ta personne vers ton côté droit et de pied ferme, tu tireras un *roverso* de sorte que l'épée aille par-dessus la tête dans la *guardia di alicorno* dont j'ai parlé avant.

Puis en jetant le gauche derrière, tu pousseras une *punta* qui va en *guardia alta* en tirant le pied droit auprès du gauche et ainsi tu seras retourné à l'emplacement dont tu es parti pour aller au jeu.

Le troisième assaut

Pas autrement que ce qui a été dit dans les deux précédents assauts, on se retrouve avec beaucoup de manières courtoises dans un coin de la salle. Voulant assaillir ton ennemi, tu passeras avec le pied droit de travers vers ton côté droit en faisant un *molinello*, c'est-à-dire une rotation par l'extérieur du bras d'épée. Ensuite, en passant de même avec le gauche, tu feras un *roverso* de bas en haut qui va par-dessus le bras. De là, en marchant avec le droit devant, tu tireras deux *roversi* de telle sorte qu'avec le dernier l'épée se retrouve en *guardia alta*. Tu mèneras ensuite le pied gauche devant en faisant une retouche de la bocle et en ramenant l'épée en *guardia di testa*. De là, en passant de même avec le droit devant, tu feras un *montante* à la façon d'une *punta* qui ira en *guardia alta*. Et dans ce temps, fais que le pied droit se retire près du gauche.

Cela fait, tu embelliras le jeu mais non par une des deux façons que j'ai décrites ci-dessus car il me plaît que chaque assaut ait un embellissement différent. Celui-ci est donc ainsi : tu tailleras un *fendente* dans le rebord de la bocle en tirant le pied droit dans ce temps en arrière tout en faisant tomber puis remonter l'épée en *guardia alta*. Ou bien tu feras un autre *molinello* par derrière la tête avec le poignet, c'est-à-dire une rotation à la façon d'un cercle. Puis tu tireras le pied gauche auprès du droit en retouchant la bocle d'un bon coup. De là, tu iras avec le gauche devant t'arranger en *guardia di testa*. Et en allant avec le droit devant, tu feras un *montante* à la façon d'une *punta*, l'épée allant en *guardia alta*, tirant dans ce temps le pied droit auprès du gauche.

Voulant toutefois en venir aux mains avec l'ennemi, tu passeras avec le pied droit devant et tu tireras un *mandritto* par-dessus le bras, ramenant en même temps le droit auprès du gauche. En retournant aussitôt du pied droit devant, tu feras un *mezzo roverso* jusqu'en *guardia di faccia*. Tu lui tireras ensuite un *fendente* par-dessus la tête accompagné de deux *tramazzoni* en faisant que le dernier tombe en *porta di ferro stretta* où la bocle gardera bien la tête. Là, tu tireras un *montante* en *guardia alta* en ramenant le pied droit auprès du gauche. Puis tu passeras avec le droit devant et tu tireras un *mezzo mandritto* jusqu'en *guardia di faccia*. Ensuite, tu lui frapperas la tête de deux *tramazzoni* mais tu feras semblant du dernier, c'est-à-dire que tu feinteras de lui donner un *tramazzone* mais tu le frapperas d'un *mandritto* à la jambe en tombant l'épée en *porta di ferro larga*. Puis tu lèveras un *falso* jusqu'en *guardia di faccia*. Et là, en ramenant le pied droit derrière, tu t'arrangeras en *coda longa e alta*. Cela fait, tu tireras le pied gauche auprès du droit puis tu marcheras avec ce même pied devant en poussant une *punta* dans la face. Ensuite, en faisant semblant de lui donner un *tramazzone* à la tête, tu lui frapperas la cuisse d'un *roverso*. Puis tu lui pousseras dans la face une *punta* suivie d'un *tramazzone* tombant en *porta di ferro stretta* tout en faisant que la bocle défende bien la tête. Puis en tirant le pied droit auprès du gauche, tu feras un *montante* en *guardia alta*. De là, tu embelliras le jeu de la façon dite avant.

En marchant ensuite devant avec le pied droit, tu continueras avec le gauche dans un déplacement similaire tout en chassant une *punta* de bas en haut dans la face de l'ennemi. Et rapidement, tu en feras une autre en précédant le pied droit au gauche. Tu le frapperas avec un *roverso redoppio* de bas en haut au bras et tu tireras un *fendente* à la tête qui tombera en *porta di ferro stretta*. Puis en allant avec le pied gauche devant, tu lui pousseras dans la face une *punta* sagace. Et pendant qu'il lèvera (son épée) pour s'en défendre, tu lui frapperas la cuisse avant d'un *roverso* en allant avec l'épée en *guardia di testa*. En retournant en arrière avec le pied gauche, tu lui frapperas la main d'épée d'un *mezzo mandritto* qui tombera en *porta di ferro larga*. Ensuite, tu feras semblant de lui frapper son épée avec ton *falso* et pendant qu'il voudra s'en défendre, tu lui chasseras ton épée par-dessous la sienne dans la face. Quand il voudra se couvrir de cette *punta*, tu lui frapperas la cuisse droite d'un *roverso*. Ensuite, pour ta défense, tu lui frapperas la main d'épée d'un *falso* suivi d'un *mandritto* à la face qui tombera en *porta di ferro larga*. Et là, à cette même main d'épée, tu lui pousseras une *punta* de sorte que ta main d'épée soit couverte par celle de la bocle. Puis tu doubleras aussitôt de deux *tramazzoni* à la tête. Puis en faisant un *montante* en *guardia alta*, tu tireras le pied droit auprès du gauche et tu embelliras le jeu de la façon ci-dessus.

De là, en marchant après avec le pied gauche de travers et en tirant un *mandritto* à la façon d'une chute, tu guideras rapidement le pied droit devant en plaçant le *falso* sous son épée. Puis en passant avec le pied gauche devant, tu feras une volte de la main, lui poussant une *punta* dans la face. En conduisant ensuite le pied droit d'un grand pas devant, tu doubleras de deux *tramazzoni* à sa tête dont le dernier ira en *porta di ferro stretta* avec la bocle gardant bien la tête. Puis tu feras un *montante* en *guardia alta* en ramenant le pied droit auprès du gauche. En passant avec le pied droit devant, tu lui tireras un *mandritto* à la jambe qui ira sous le bras. En passant également avec le gauche vers son côté droit, tu lui tireras un *roverso* à la face. Tu feras ensuite tomber l'épée en *coda longa* en laissant aller la jambe droite derrière la gauche. Là, tu passeras avec le pied droit devant en tirant un *falso* de bas en haut jusqu'en *guardia di faccia*. Et aussitôt, en faisant semblant de le frapper d'un *roverso* à la tempe droite, tu lui atteindras la jambe avant d'un *mandritto* allant sous le bras avec la bocle gardant bien la tête. Tu tireras ensuite le pied droit auprès du gauche et en passant devant du pied droit, tu lui tireras un *roverso* à la face qui tombera en *coda longa e stretta*. En faisant ensuite un *montante* en *guardia alta*, tu tireras le pied droit auprès du gauche et tu embelliras le jeu de la façon ci-dessus.

Tu passeras ensuite avec le pied droit en le frappant d'un *mandritto* par-dessus le bras, de sorte que ton épaule droite se place avec la pointe[15] vers la poitrine de ton ennemi. Puis en lui tirant un *roverso* à la manière d'un *fendente* qui tombe en *coda longa stretta*, tu lui frapperas la main d'épée d'un *falso* qui retourne par-dessus le bras. Levant ensuite la main d'épée en *guardia alta*, tu lui tireras un *mandritto* par-dessous le bras en ramenant le pied droit auprès

15 Pointe de l'épaule : correspond environ à la jonction de l'omoplate et de l'humerus

du gauche. Et aussitôt, en marchant avec le pied droit vers son côté droit, tu le frapperas d'un *falso* allant jusqu'en *guardia di faccia*. Puis en guidant le pied gauche devant, tu feras semblant de lui donner un *roverso* dans la tempe droite mais en passant rapidement avec le pied droit vers le côté gauche de l'ennemi, tu lui donneras un *fendente* à la face qui tombe en *porta di ferro larga* de sorte que la jambe droite suive la gauche par derrière, et tu feras que la bocle garde bien la tête. De là, en ramenant le pied gauche auprès du droit, tu lui chasseras un *falso* jusqu'en *guardia di faccia*. En marchant ensuite avec le pied droit devant, tu iras avec l'épée en *guardia alta* et alors tu lui frapperas la tête d'un *fendente* suivi de deux *tramazzoni* à la face avec la bocle défendant bien la tête. Tu feras ensuite un *montante* en *guardia alta* en tirant le pied droit auprès du gauche. De là, en passant devant avec le pied droit, tu lui tireras un *fendente* jusqu'en *guardia di faccia*. Faisant de même avec le (pied) gauche mais vers son côté droit, tu lui tireras un *tramazzone* qui tombe en *cinghiara porta di ferro*. De là, tu passeras avec le pied droit en faisant semblant de lui donner un *tramazzone* à la tête, et néanmoins tu lui frapperas la jambe d'un *mandritto* qui va sous le bras. Là, en ramenant le pied droit derrière, tu lui frapperas la main d'épée d'un *roverso* avec ta bocle protégeant bien ta tête. En allant ensuite avec le droit devant, tu feras un *falso* jusqu'en *guardia di faccia*. Puis en faisant aussitôt semblant de le frapper d'un *mandritto*, tu l'atteindras d'un *roverso* en passant devant avec le pied gauche. En ramenant ensuite le pied gauche derrière, tu lui tireras dans ce temps un *mandritto* qui va jusqu'en *guardia di faccia*. Puis en jetant le pied droit derrière, tu feras une volte de la main t'arrangeant en *coda longa e alta*. Tu ramenas ensuite le pied gauche auprès du droit et tu passeras alors avec le pied droit devant en poussant une *punta* dans la face suivie d'un *fendente* qui ne dépassera pas la *guardia di faccia*. Là, en allant aussitôt en *guardia di testa*, tu lui tireras un *mandritto* qui va sous le bras en ramenant le pied droit auprès du gauche. En marchant ensuite devant avec le pied gauche vers le côté droit de l'ennemi, tu lui tireras un *falso* de bas en haut jusqu'en *guardia di faccia*. Puis en marchant avec le pied droit devant, tu iras avec l'épée en *guardia alta*. Tu lui tireras un *fendente* à la tête qui tombera en *porta di ferro stretta* avec la bocle faisant bonne défense de la tête. Tu feras ensuite un *montante* en *guardia alta* en ramenant le pied droit auprès du gauche et tu embelliras le jeu comme il a été dit.

De là, en guidant devant le pied droit, tu lui tireras un *mandritto* qui finit par-dessus le bras. Cela fait, tu passeras avec le pied gauche vers son côté droit en tournant la bocle par-dessus la main et en allant avec l'épée en *cinghiara porta di ferro*. En passant aussitôt avec le pied droit devant, tu frapperas dans l'épée de l'ennemi un *falso* qui ira en *guardia alta*. Puis tu lui tireras aussitôt à la jambe un *mandritto* qui va sous le bras en faisant que la bocle garde bien la tête. Là, en jetant derrière le pied droit, tu lui frapperas la main d'épée avec un *roverso* qui tombera en *coda longa e larga*. Tu tireras ensuite le pied gauche auprès du droit et tu passeras avec le droit devant en lui poussant une *punta* dans la face. Puis en passant avec le gauche vers son côté droit, tu feras semblant de lui donner un *roverso* mais tu passeras avec le droit vers son côté gauche en lui tirant un *fendente* à la face de sorte que ton épée tombe en *porta di ferro larga*, et le pied gauche suivra le droit par-derrière. Là, en ramenant le gauche auprès du droit, tu feras un *falso* allant jusqu'en *guardia di faccia* tout en l'accompagnant de la bocle. Ensuite, en marchant aussitôt devant avec le pied droit, tu lui tireras un *roverso* à la face qui tombera en *coda longa e stretta*, et tu feras que la bocle défende bien la tête. De là, en passant devant avec le pied gauche, tu lui pousseras une *punta* dans la face. En faisant de même avec le pied droit, tu lui doubleras deux *tramazzoni* à la tête dont le dernier tombera en *porta di ferro stretta*. Tu feras ensuite une *montante* en *guardia alta* en tirant le pied droit auprès du gauche et tu embelliras le jeu de la façon dite ci-dessus.

Ici, tu feras une estrette de la mi-épée, c'est-à-dire que tu passeras avec le pied droit devant sans bouger l'épée ou la bocle, ensuite tu marcheras devant d'un grand pas avec le gauche en lui poussant une *punta* qui va à la façon d'un *montante* jusqu'en *guardia di faccia*. Là, en passant avec le droit devant, tu feras semblant de lui frapper la tête d'un *mandritto*, néanmoins tu lui donneras bien de celui-ci à travers les jambes. Ensuite, tu te feras petit sous ton épée en allant en *guardia di faccia* où tu te couvriras du coup ennemi. Là, en marchant avec le pied gauche vers son côté droit, tu lui tireras un *roverso* à la tempe droite de sorte que le pied droit suive le gauche par-derrière et que la bocle fasse bonne garde de la tête. Puis en lui poussant une *stoccata* dans la face, tu feras un saut en arrière de sorte que ton épée se repose en *coda longa e alta*. Et là, avec le droit allant devant, tu feras un *montante* qui va en *guardia alta*. Et en ramenant le pied droit auprès du gauche, tu auras fourni le jeu.

Voulant retourner ensuite avec la victoire dans le lieu d'où tu es parti au début, en allant comme à l'usage avec le dos en arrière, tu jetteras le pied droit en arrière en tirant un *mandritto* sous le bras. Puis de même en ramenant le gauche dans un second pas, tu feras un *montante* vers ton côté gauche qui ira en *guardia alta*. Tu feras rapidement un autre *montante* vers ton côté droit en ramenant le pied droit auprès du gauche. Ensuite, avec ce même pied droit en arrière, tu tireras un *mandritto* sous le bras. En ramenant le gauche à côté du droit, tu amèneras l'épée vers ta poitrine puis par-dessus le bras de bocle. Là, en allant devant avec le gauche, tu feras un *molinello* par l'extérieur du bras de sorte que l'épée tombe en *coda longa e stretta*. Puis tu ramèneras le pied droit de telle sorte que son talon touche la pointe du pied gauche, en levant dans ce temps l'épée en *guardia alta* avec la bocle bien tendue vers la face adverse.

LIVRE TROIS

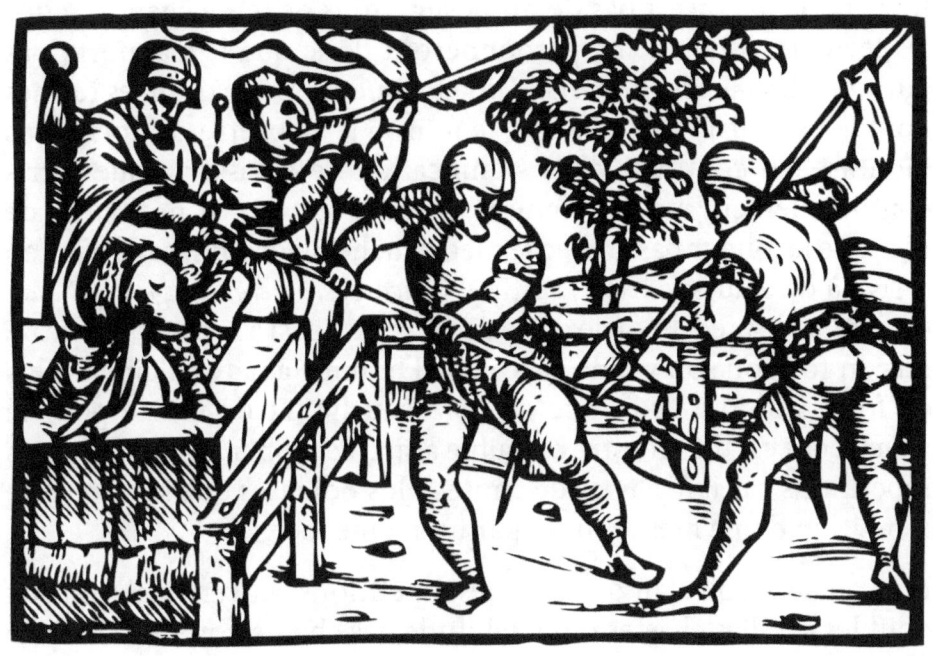

Bien plus que le feraient nos défenses, les assauts sont ces bonheurs écrits dans ce livre que les satyres échevelés font aux nymphes.

Alors qu'avec cela les auteurs ornent leurs écrits avec délicatesse, ceux-ci constituent de suaves paroles avec un style doux et continu.

Tandis que certains composent sur le membre laineux des dieux mi chèvre, ou les cornes de leurs fronts, ou leurs mouvements lascifs, ou leurs simples et rustiques tromperies, non à l'écrit mais en peinture, on montre les déesses anxieuses dans le lointain. Certaines élèvent leurs vêtements pourpre sur leur blanc genou, avec des mèches blondes de leurs cheveux tombant par-dessus leurs épaules douces, ou bien en tresses, dans lesquelles le vent souffle. D'autres se jettent dans les rivières claires et coulantes, pour protéger leur virginité consacrée à Diane. Fuyantes et harassées de fatigue, certaines en viennent à rester cachées derrière les buissons épais, telle la rosée matinale qui vient souvent avec l'apparition du soleil, et jouent avec leurs doigts fins de leur mains blanchent de ces perles de verres et viennent à perdre leur anxiété.

Mais mon sujet n'est pas de proposer à tous de tels élégances, ainsi les lecteurs éduqués me pardonneront donc que je n'apporte pas plus que des *mandritti, riversi, falsi* et *punte* ainsi que d'autres termes dont je ne pourrai pas changer le nom si je veux être compris dans mon art. Au contraire de la signification de « passer » que j'écris continuellement avec ma plume, ainsi si souvent il m'advient de dire que le joueur passe avec le pied gauche ou droit devant que j'en arrive à dire aussi *passare, varcare, valicare, scorrere, scorgere, guidare* ou *condure* le pied. Et où je dis le droit, je dis aussi à la place sa dextre, ou son fort, ou son valide parce que l'homme a naturellement plus de force du côté droit que du côté gauche. Et de même pour le gauche qui est dit senestre ou faible afin d'échapper aux fastidieuses répétitions car il n'y a pas de choses plus odieuses que la fréquente répétition d'une même chose par un même mot.

Bien qu'il me soit clair que de telles répétitions peuvent plaire à ceux dont les oreilles chastes ont l'habitude des chants doux et tristes de Philomène, néanmoins s'ils ont la poigne d'un homme, ils devraient lire cet œuvre pour son propos dans lequel les ornementations ne manquent point.

Continuant donc mon instruction, je dis que dans ce troisième livre j'enseignerai l'art du jeu à la mi-épée. Sache que souvent quand tu joues avec ton ennemi, vous êtes amenés aux estrettes qu'il vous convient de jouer à la mi-épée non sans ingéniosité et sans grand art. Néanmoins, parmi tous les autres (arts), celui-ci tient la place principale. Et celui qui n'a pas une connaissance parfaite et optimale de ses bases ne pourra être un bon maître par aucune façon. Et bien qu'il existe de bons joueurs ou défenseurs qui soient dotés de mains rapides, ils ne pourront néanmoins pas enseigner ce véritable art lequel consiste à rester fort. Et l'on dit de ceux-là qu'ils ne sont pas dotés de science mais de chance quand ils font quelques touches.

Et il doit être su que tout ce troisième livre ne sera pas divisé en chapitres mais en offenses et en contres, bien entendu au jeu de l'épée et petite bocle

Te retrouvant donc aux estrettes de la mi-épée avec ton ennemi. Si tu veux être agent, il convient que tu sois plus rapide des mains que dans les autres jeux, parce que si tu es lent, tu seras toujours patient. L'autre chose est de savoir que tu ne peux te retrouver que de deux façon à ce jeu, soit à tranchant contre tranchant de sorte que les épées regardent vos épaules gauche avec leur pointe. Soit à la *falso* contre *falso*, de sorte que les épées regardent vos épaules droites avec leurs pointes. Et par cela, d'autres coups naissent pour offenser ou défendre d'une manière ou d'une autre.

Falso contre Falso

Commençons l'instruction où je vous dis quoi faire si vous vous retrouvez à *falso* contre *falso*.

Étant avec l'ennemi de sorte que les deux épées se touchent de *falso*, toi avec le pied droit devant tu te feras agent si de ton *falso* tu lui tournes une frappe à la façon d'un *tramazzone* à travers sa tempe gauche. Et aussitôt pour te couvrir, fais cela : retire-toi en arrière avec ce même pied fort, le droit si tu préfères, en lui donnant un *roverso* à la tempe droite.

Le contre à cette estrette pour celui qui devra s'en défendre est que pendant qu'il fera tourner le *falso* à la façon d'un *tramazzone* comme dit, aussitôt en marchant devant vers son côté droit avec le pied faible, ou le gauche comme il te plaît à dire, tu lui donneras un *roverso* de bas en haut dirigé à sa tempe droite.

Si tu n'arrives pas à l'offenser de la façon susdite en étant toujours à la mi-épée, tu lui donneras du pied droit dans le ventre. Et tu retourneras avec ce même pied en arrière en lui donnant dans ce temps un *fendente* dans sa tête.

Le contre à cette offense est que quand il voudra te donner ce coup de pied, tu lui percuteras aussitôt le tibia de sa jambe attaquante avec la bocle afin qu'il ne réalise pas son dessein.

La troisième façon d'offenser est que te retrouvant avec le pied gauche devant, tu passeras vers son côté gauche avec le pied droit en faisant semblant de le frapper d'un *mandritto* à la tête. Néanmoins, dans cette feinte tu laisseras tomber au sol ton épée par derrière, et en passant aussitôt avec le pied gauche vers son côté droit, tu chasseras ta tête sous son aisselle droite et ta main droite à l'intérieur de ses cuisses. Tu le soulèveras alors du sol et le feras tomber par derrière tes épaules.

Le contre à la précédente estrette et offense est que pendant qu'il fera semblant de te donner du *mandritto*, tu ne feras voir aucune riposte à cette feinte. Et quand il laissera tomber l'épée pour mettre sa tête sous ton aisselle, tu te retireras d'un grand pas du pied droit et lui donneras un *roverso* dans le cou.

La quatrième façon d'offenser sera qu'en ayant le pied droit devant, tu feras semblant de lui frapper la tempe gauche d'un *mandritto*. Et dans cette feinte, tu laisseras tourner l'épée à la façon d'un *molinello*. Mais en passant aussitôt avec le pied gauche vers son côté droit, tu lui donneras un *roverso* dans sa tempe droite.

Le contre est que quand il fera la feinte de *mandritto*, tu serreras la main d'épée avec celle de la bocle. Et dans le déplacement qu'il fera du pied gauche pour te donner un *roverso*, tu tireras aussitôt la jambe gauche derrière la droite et tu le frapperas d'un *mezzo mandritto* dans sa tempe gauche à la façon d'une *guardia di faccia*. Et en faisant cela, son *roverso* ne pourra pas t'offenser.

La cinquième façon d'offenser sera qu'en ayant ce dit pied droit devant, tu passeras ta main d'épée de bas en haut par l'intérieur de sa main d'épée, faisant tomber celle-ci un peu vers le bas pour que tu puisses lui chasser le *falso* dans son cou.

Le contre à cette offense est que pendant que l'ennemi voudra mettre sa main de la façon démontrée, toi avec ta main tu pousseras son bras d'épée vers son côté gauche et ainsi il ne réalisera pas son intention.

La sixième façon est que te retrouvant bien avec ce pied devant, tu peux passer avec le pied gauche vers son côté droit en lui donnant de ta main de bocle à l'extérieur de sa main d'épée. Et tu suivras d'un *roverso* dans le cou ou la tête.

Le contre à cette sixième façon est que pendant qu'il guidera le pied gauche devant pour te donner dans la main de bocle, tu lui donneras aussitôt du rebord de ta bocle dans son bras arrivant.

La septième façon est qu'étant bien arrangé avec ce pied devant, tu peux passer d'un grand pas avec le pied gauche vers son côté droit en lui tirant un *roverso* de bas en haut. Ensuite en passant aussitôt avec ton pied droit vers son côté gauche, tu lui donneras un *mandritto* à la façon d'un *fendente* en faisant que ta jambe gauche suive la droite par derrière.

La contre à cette septième façon est que quand il avancera avec le pied gauche devant pour te frapper de ce *roverso*, tu iras en *guardia di faccia* avec la bocle par dessous la main d'épée de sorte que la main touche et soit couverte par la bocle. Et quand il tournera le *mandritto* à la façon d'un *fendente*, tu lui donneras aussitôt un *mezzo mandritto* à sa main d'épée en jetant le pied droit derrière.

La huitième façon est qu'ayant le pied gauche devant, tu avanceras avec le droit vers son côté droit en tirant en arrière ton épée par dessous la sienne. Et dans ce même temps, tu pousseras ta bocle sous sa main d'épée en le frappant avec le *falso* au cou à son côté gauche. Ensuite, en laissant aller la jambe gauche derrière la droite, tu t'arrangeras avec l'épée en *guardia di faccia*. Puis en retirant le pied droit en arrière, tu lui frapperas la tempe d'un *roverso spinto*.

Le contre de la précédente façon est que quand l'ennemi tirera l'épée en arrière par dessous la tienne, tu te retireras de la présence en arrière avec ton pied droit et tu t'arrangeras en *guardia di faccia*.

La neuvième façon d'offenser sera en étant aussi avec le pied gauche devant. Tu pourras avancer avec le pied droit devant en faisant semblant de frapper l'ennemi à la tête d'un *mandritto*. Et dans cette feinte, tu feras la méthode Pérugine. C'est-à-dire que tu jetteras ton épée et ta bocle et tu lui prendras ses deux bras. Et l'ayant ainsi fortement serré, sans t'en séparer tu te laisseras tomber en arrière, et aussitôt tu lèveras tes pieds joints et les lui donneras fortement dans le ventre. Le retournant alors par cette percussion, il viendra à être jeté par derrière tes bras.

Le contre à cette offense est que pendant qu'il passera avec le pied droit pour faire semblant du *mandritto*, tu resteras attentif en ayant les yeux fixés à ses mains en raison de la prise. Et quand tu le verras faire tomber l'épée et la bocle, tu lui frapperas aussitôt la tête d'un *roverso* en te retirant avec le pied droit derrière.

La dixième façon d'offenser avec le pied gauche devant sera en passant avec le pied droit vers son côté droit en percutant son épée d'un vaillant *mandritto*. Ensuite, en allant vers le même côté droit avec le pied gauche, tu lui donneras un *roverso* dans le cou en faisant que le pied droit suive le gauche.

Le contre sera que quand il mènera son pied fortement comme il est dit au-dessus pour te donner un *mandritto* dans l'épée, tu le frapperas avec ton épée pour arrêter celui-ci. Et quand il passera pour te frapper de *roverso*, toi dans ce temps tu lui tourneras à la face un *mezzo mandritto*.

La onzième façon d'offenser est en te trouvant aussi avec le pied gauche devant. Tu avanceras fortement avec le pied droit vers son côté gauche et dans ce pas tu feras semblant de le frapper d'un *mandritto*. Mais en fait tu lui percuteras la cuisse d'un beau *roverso*. Et tu resteras découvert au côté supérieur pour inciter l'ennemi à t'attaquer à cet endroit. Et quand il fera ce que tu veux, tu pareras avec l'épée en *guardia di testa* et ensuite avec la main de bocle tu lui prendras l'épée par l'intérieur en lui donnant un *fendente* à la tête ou bien une *punta* à la face.

La contre sera qu'aussitôt qu'il s'avancera pour faire la feinte de *mandritto*, tu ne feras aucun mouvement à celle-ci. Et quand il voudra frapper de *roverso* à la cuisse, tu tourneras la pointe de l'épée vers le sol et ainsi tu te couvriras de cela. Alors tu riposteras en lui tirant un *fendente* à la tête.

La douzième façon d'offenser sera que te trouvant avec le pied droit devant, tu peux lui tirer un *mandritto* à la tête. Et si c'est un bon joueur, il frappera celui-ci. Et aussitôt tu feras semblant de lui donner un *roverso* en penchant la tête mais tu lui donneras en fait à nouveau un *mandritto*.

Le contre est que quand il voudra t'offenser à la tête avec le *mandritto*, tu lui tireras un *roverso* de bas en haut qui va en *guardia di testa* pour te couvrir de son *mandritto*. Là, tu chasseras aussitôt ta main de bocle à son épée par en bas en le frappant d'un *roverso* au côté supérieur ou ailleurs si cela te plaît plus.

La treizième façon sera que te trouvant bien avec le pied droit devant, tu feras semblant de lui donner un *mandritto* pour néanmoins lui tirer un *roverso* à la façon d'une *punta trivellata*.

Son contre est que quand il fera ladite feinte, alors tu ne bougeras pas. Mais s'il tire de *roverso*, tu ramèneras le pied droit en arrière et l'épée en *guardia di faccia*.

La quatorzième façon est qu'en ayant de même le pied droit devant, tu passeras en avant avec le gauche et tu feras avec l'épée une demi-volte du poing en lui poussant dans ce tour une *punta* dans la face.

Le contre à cela est que dans le pas qu'il fera du pied gauche, tu amèneras rapidement le pied droit en arrière pour t'arranger en *coda longa e alta*.

La quinzième offense est qu'étant avec ce même pied devant, tu feras semblant de lui frapper la tête d'un *mandritto*. Et pendant que l'ennemi voudra s'en défendre par peur, tu lui donneras un *roverso* à la cuisse en t'arrangeant en *guardia di faccia*.

Son contre sera que dans la feinte que te fera ton ennemi, tu ne bougeras pas. Et quand il voudra te frapper la cuisse d'un *roverso*, tu lui donneras un *roverso* dans le bras d'épée en ramenant le pied droit en arrière.

La seizième offense, aussi avec le pied droit devant, est que tu peux montrer de lui donner un *roverso* à la tête et néanmoins le frapper d'un *mandritto* au flanc. Et tu t'arrangeras en *guardia di faccia*.

Son contre est que pendant que ton ennemi te montre de faire le *roverso*, tu tireras le pied droit en arrière. Et quand il estimera te frapper du *mandritto* au flanc, tu lui frapperas la main d'épée d'un *mezzo mandritto* accompagné de la bocle.

La dix-septième manière est que te trouvant bien avec le pied droit devant, tu pousseras la bocle sous l'épée adverse. Puis en allant avec le pied gauche vers son côté droit, tu lui donneras un *mandritto* à travers sa cuisse droite de sorte que le pied droit suive le gauche.

Le contre est que quand il voudra pousser sa bocle sous ton épée, tu te retireras de sa présence avec le pied droit en arrière et tu lui donneras un *mandritto* accompagné de la bocle dans la main d'épée.

Droit fil contre droit fil

Ayant écrit ce qui peut se faire en étant aux estrettes de la mi-épée à *falso* contre *falso*, voici ici la seconde façon, c'est-à-dire les attaques et les contres quand vous vous trouvez proche à droit fil contre fil. Cela en suivant la règle que j'ai énoncée ci-dessus, c'est-à-dire qu'il n'y a pas d'autre façon d'être à la mi-épée que par ces deux façons.

Donc étant à droit fil contre droit fil et toi voulant être agent en premier, ayant le pied droit devant, tu avanceras avec le gauche vers son côté droit en lui donnant un *roverso spinto* dans la tempe droite et en faisant que le pied droit suive le gauche.

La contre de cette première façon est que pendant qu'il avancera pour te donner du *roverso*, tu lui tourneras un *mezzo mandritto* à la tête qui s'arrêtera au final en *guardia di faccia*.

La seconde façon d'offenser est qu'étant bien avec le pied droit, tu marcheras avec le gauche vers son côté droit en lui donnant un *roverso* de bas en haut à son bras d'épée. Et aussitôt, tu retireras le pied gauche derrière en lui donnant dans ce même temps un *mandritto* au visage.

Le contre est que quand il passera pour te donner du *roverso*, toi en te plaçant sous la bocle tu seras couvert. Et pendant qu'il retirera le pied gauche en arrière pour frapper de *mandritto*, tu lui atteindras la tempe droite d'un *roverso* transversal.

La troisième façon est qu'en ayant bien le pied droit devant comme dans chacune des offenses présentées, ce que je ne répèterai pas pour éviter l'ennui, tu lui tourneras un *roverso* dans sa tempe droite. Si l'ennemi s'en défend, tu frapperas aussitôt avec tes quillons ou ta garde, comme tu veux, dans l'épée de l'ennemi au côté extérieur en lui donnant un *fendente* à la tête.

Le contre sera que pendant qu'il tournera ce *roverso*, tu t'en défendras avec le droit fil de ton épée. Et quand il voudra frapper ton épée avec ses quillons, tu lèveras la tienne rapidement en haut pour que son coup manque. Et dans ce temps tu lui donneras un *roverso* dans la tête.

La quatrième façon d'offenser est que tu peux lui faire croire que tu frappes de *roverso* et lui tourner aussitôt le pommeau de ton épée par-dessus le poignet de la main ennemie par l'extérieur en marchant avec le pied gauche vers son côté droit. Et tu le presseras de telle sorte que tu puisses lui frapper la tête d'un *roverso*.

Le contre est que dans la feinte de *roverso* qu'il fera, tu ne bougeras pas. Et quand il voudra tourner avec le pommeau, rapidement en mettant ta bocle sous son épée, tu lui atteindras la cuisse droite d'un *roverso* transversal.

La cinquième façon d'offenser est que tu peux mener ton pied gauche vers son côté gauche en faisant semblant de le frapper d'un *roverso* néanmoins retourner avec le gauche en arrière en lui donnant un *fendente* dans la tête.

Le contre est que quand il fera semblant du *roverso*, tu ne bougeras pas. Et quand il voudra tourner le *fendente* à la tête, tu tireras aussitôt un *roverso* de bas en haut qui ira jusqu'en *guardia di testa*.

La sixième façon d'offenser sera que tu passeras d'un grand pas devant avec le pied gauche vers son côté gauche en lui tirant un *roverso* de bas en haut à son bras d'épée. Tu feras ensuite une prise, c'est-à-dire que tu feras semblant de le frapper de la bocle à la tête, et quand il bougera la tête par peur de cela, en chassant aussitôt ton bras de bocle par l'intérieur de son épée, tu le lieras en l'amenant avec une grande oppression sous ton aisselle gauche. Là, en retirant le pied droit derrière le gauche, tu feras qu'il ne pourra pas t'offenser de la bocle.

La contre sera que pendant qu'il passera du pied gauche de ladite façon pour te donner du *roverso*, tu pousseras ta main d'épée bien devant la bocle en couvrant l'ouverture. Et dans la feinte qu'il fera de te donner de la bocle dans la face, tu étendras fortement l'épée en avant de sorte qu'il ait une raison de te lier les bras de la façon dite. Et quand il estimera te les prendre, tu serreras le bras venu vers toi en le chassant fortement en bas, comprends par cela il devra abandonner la bocle écrasé par la douleur. Ainsi tu pourras lui frapper la face d'un *roverso* à ta volonté.

La septième façon d'offenser sera que tu lui feras voir de donner un *roverso* et aussitôt tu lui donneras un *mandritto* à la jambe, revenant avec l'épée en *guardia di faccia*.

Le contre est que pendant qu'il fera la feinte de *roverso*, tu ne bougeras pas. Et quand il voudra frapper de ce *mandritto*, tu jetteras le pied droit en arrière en lui donnant un *mandritto* transversal dans le bras d'épée.

La huitième façon est que tu feras semblant de lui donner un *roverso* à la tête. Tu passeras ensuite du pied gauche vers son côté droit et tu mettras ta bocle sous son épée en lui tirant un *mandritto* à la jambe, avec le pied droit suivant le gauche par derrière.

Le contre est que pendant qu'il fera la feinte de donner un *roverso*, tu garderas les yeux à ses mains sans bouger. Et quand il passera avec le pied gauche pour te donner le *mandritto*, aussitôt en retirant ton pied droit derrière, tu lui donneras un *mezzo mandritto* à la main d'épée.

La neuvième façon d'offenser est que tu passeras avec le pied gauche vers son côté droit en lui percutant la tempe droite d'un *roverso*. Et tu lui donneras aussitôt du rebord de la bocle dans la face.

Le contre à cela est que dans le pas qu'il fera pour t'offenser du *roverso*, tu tireras en arrière le pied droit et tu t'arrangeras en *guardia di faccia*.

La dixième façon est que tu passeras avec le pied gauche vers son côté droit en lui donnant un *roverso* dans sa tempe droite. Là, tu retourneras un peu en arrière avec le pied gauche en faisant semblant de lui donner un *mandritto* à la tête. En retournant ensuite de ce pied gauche vers son côté droit, tu lui frapperas la tête d'un *roverso* en laissant aller le pied droit derrière le gauche.

Son contre sera que dans le pas que l'ennemi fera pour te donner le *roverso*, tu le frapperas avec le droit fil de l'épée. Pendant qu'il fera semblant du *mandritto*, tu iras avec l'épée en *guardia di faccia*. Quand il voudra donner l'autre *roverso*, aussitôt en jetant le pied droit vers son côté gauche tu lui frapperas la tempe gauche d'un *mezzo mandritto*.

La onzième offense est que tu lui tireras un *roverso* dans sa tempe droite en lui donnant du talon gauche dans le ventre. Et là, en retournant en arrière du pied gauche, tu lui percuteras la tête d'un *mandritto*.

Le contre à cela est que tu frapperas avec le droit fil dans la frappe qu'il fera de *roverso*. Et quand il voudra te percuter avec son talon, tu lui donneras aussitôt de la bocle dans le tibia. Enfin, tu iras en *guardia di faccia* pour te protéger du *mandritto*.

La douzième offense est que tu marcheras d'un grand pas avec le pied gauche vers son côté droit en faisant semblant de lui donner un *roverso*. Néanmoins, tu tireras le poing d'épée vers l'arrière en mettant ta bocle sous sa main d'épée et en lui donnant une *punta* dans la face.

Le contre à cela est que dans la feinte qu'il fera de *roverso*, tu t'opposeras à celle-ci avec le droit fil. Pendant qu'il tirera son épée en arrière pour te donner une *punta*, tu t'opposeras à nouveau bien avec le droit fil en chassant l'épée de l'ennemi vers ton côté gauche. Ainsi, tu te seras défendu de sa *punta*. Puis tu lui pousseras aussi rapidement que possible un *falso* dans la face.

La treizième offense est que tu passeras avec le pied gauche vers son côté droit en lui tirant en même temps un *roverso* transversal à sa cuisse droite. En te faisant petit, tu t'arrangeras en *guardia di testa* avec la jambe droite suivant la gauche par derrière.

Le contre est que quand il passera pour te donner du *roverso*, tu te retireras en arrière du pied droit et tu lui en donneras un de fait dans le bras d'épée.

La quatorzième offense est que tu marcheras du pied gauche vers son côté droit en faisant voir de le percuter d'un *roverso* à la tête. Néanmoins, tu passeras avec le droit vers son côté gauche en lui frappant la tête d'un *fendente* de sorte que la jambe droite suive derrière la gauche.

Le contre est que dans le pas qu'il fera avec la feinte de *roverso*, tu serreras l'épée et la bocle ensemble. Et quand il marchera pour te donner le *fendente*, tu lui tourneras un *roverso* à sa tempe droite.

La quinzième offense est qu'en retirant l'épée en arrière tu lui pousseras une *punta* dans sa tempe droite en compagnie de la bocle et avec le pied droit qui suit le gauche afin d'esquiver tout coup nocif.

Le contre est que quand il fera cette *punta*, tu la frapperas avec le *falso* de l'épée en lui donnant un *mandritto* dans la face.

La seizième offense est que tu marcheras avec le pied gauche d'un grand pas vers son côté droit et dans ce déplacement tu prendras l'épée de l'ennemi au milieu avec la main de bocle en lui frappant la tempe droite d'un *roverso*.

Le contre est que dans le pas qu'il fera afin de faire cette prise, tu lui frapperas la face d'un *mezzo mandritto*.

La dix-septième offense est qu'en marchant avec le pied gauche vers son côté droit, tu lui tourneras un *roverso* à sa tempe droite. Là, tu prendras ton épée en son milieu avec la main de bocle en lui donnant par l'intérieur de la main dans le visage, ou alors tu lui tireras bien les cheveux.

Le contre est que pendant qu'il viendra pour te donner le *roverso*, tu feras aussitôt une demi-volte du poing te défendant de cela. Et quand il prendra son épée au milieu pour te donner un coup au visage, tu percuteras le bras arrivant avec le rebord de la bocle en lui donnant un autre *mandritto* à la face.

LIVRE QUATRE

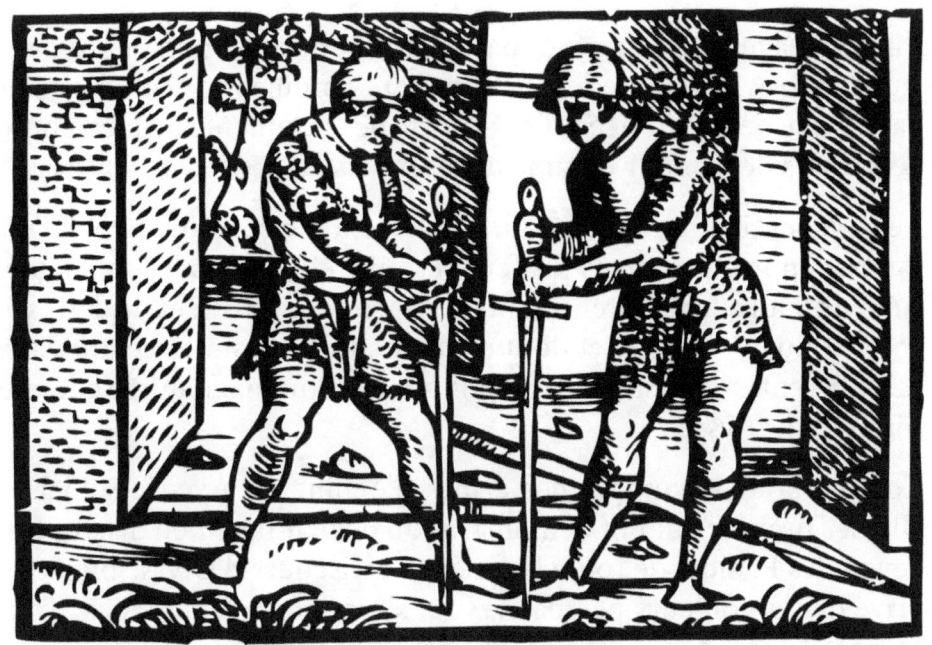

J'ai dit ci-dessus que l'œuvre présente n'amenait aucun ornement, maintenant je vous en donne la raison (chers lecteurs) qui m'y a conduit. Si vous voulez juger cela de près, aucun de vous ne pourra nier que beaucoup de choses sont parfois dignes de louanges et d'autres fois blâmables ou non convenables

Et qui est celui qui ne louerait pas la finesse, la démarche élégante et le visage bien maquillé d'une femme ? Alors que si l'on voyait de telles choses chez un jeune homme, tous le blâmeraient.

Nous louons également les paroles infantiles d'un bambin, alors que si elles étaient tenues par une personne plus âgée, tous s'en moqueraient. Ainsi, il se démontre qu'une même chose peut être louée et blâmée, non pour elle-même, mais au regard de celui qui s'y joint.

En réalité, qui ne loue pas les belles couleurs de la douce éloquence, l'union parfaite des sons bien composés, et aussi l'harmonisation sonore ? Celui-là serait hors des bonnes connaissances. Et à ceux pour qui également cette même éloquence n'est pas convenable, ceux-là sont justement appelés sans honneur.

Ainsi les sages écrivains font parler et répondre les personnes dans leurs œuvres suivant leur fonction. Tout comme il ne conviendrait pas qu'une personne âgée et sage porte des vêtements ou bien conte des choses de l'amour comme un jeune.

Aussi il serait impropre qu'un militaire à l'épée rouillée et ayant toujours porté les armes profère certaine élégance avec sa langue, laquelle il lui a fait soutenir tant de sièges et de journées de détresse en continu à la guerre, et dont plusieurs fois la poudre volant dans l'air est venue la rassasier. À moins qu'il ne soit magnanime comme Ajax face à Ulysse.

Comme pour le compte des armes d'Achille où Ajax le soldat et Ulysse l'orateur ont fait démonstration de leur talent en discourant devant les Princes de toute la Grèce. Le discours d'Ulysse bien que privé de ses couleurs persuasives fut supérieur à celui d'Ajax. Tout comme Diane dépouillée de ses ornements, ou Vénus auprès de Pallas, la toujours nue mais belle déesse des bergers[16].

Ainsi je veux conclure que même si à présent je ne suis pas venu devant les hommes comme orateur, cependant mon parler n'est pas aussi irrégulier pour tous qu'il pourrait le paraître de l'extérieur ou de loin en comparaison des œuvres de beaucoup d'orateurs modernes.

Mais procédant avec mon quatrième travail, je dis que dans celui-ci je composerai l'art de l'épée affûtée avec la targe ou la large bocle, lequel est bon et pourra également être transmis aux bons joueurs d'épée de jeu. Et je te dis qu'à la fin de ce livre, il y aura deux autres jeux, celui des deux épées, et celui de l'épée seule. Mais commençons par celui de l'épée et de la large bocle ou de la targe.

---

16   Référence au jugement de Pâris. Pâris, prince troyen, a été nommé juge par trois déesses, Junon, Vénus et Pallas (ou Minerve), pour savoir laquelle des trois était la plus belle. Chacune, pour être sûre d'obtenir son vote, lui a promis des présents. Minerve lui avait promis la gloire, Junon le pouvoir et Vénus l'amour de la plus belle femme du monde. Pâris a choisi Vénus, qui lui a donc donné Hélène, femme de Ménélas, chef des Grecs. Le rapt d'Hélène par Pâris lancera la guerre de Troie.

Chapitre Premier

Étant avec l'épée et la grande bocle bien arrangé avec le pied gauche devant, le bras de bocle bien tendu vers l'ennemi et l'épée en *coda longa e alta*, tu ramèneras le pied droit auprès du gauche et tu marcheras en avant avec le pied gauche sans tirer aucun coup. Parce que te rapprochant ainsi de ton ennemi, il sera forcé de faire une de ces deux choses, soit attaquer, soit fuir. Et supposons qu'il te tire une *stoccata* avec le pied gauche devant. Tu pourras faire plusieurs contres à cette *stoccata*.

Soit tu passeras avec le pied droit vers son côté gauche en lui tirant dans ce même temps un *roverso* dans le bras d'épée, avec la jambe gauche suivant la droite par-derrière. Et pour te couvrir, tu te retireras rapidement en arrière du pied droit et t'arrangeant en *coda longa e alta* comme j'ai dit ci-dessus.

Soit en jetant le pied gauche vers son côté gauche, tu pourras chasser ton *falso* sous celle-ci. Et en passant avec le pied droit vers son côté gauche, tu lui frapperas la jambe gauche d'un *mandritto*, avec le pied gauche suivant le droit par-derrière. Et là, en jetant le pied droit derrière tu feras une demi-volte du poing pour te retrouver dans la garde du début.

Tu pourras également marcher avec le pied droit vers son côté gauche en lui poussant une *punta* au flanc de sorte que le pied gauche suive le droit par-derrière. Et là, tirant en arrière ce pied droit tu te ramèneras dans la précédente garde.

Tu peux également marcher avec le pied droit devant vers son côté gauche en lui chassant sous sa *stoccata* le *falso* de ton épée accompagnée de la bocle. Et là, tu lui percuteras aussitôt la jambe gauche d'un *roverso*. Pour te couvrir, tu te retireras en arrière avec le pied droit en ramenant l'épée en *guardia di faccia*. Ensuite, tu t'arrangeras dans la garde susdite.

Tu pourras également passer avec le pied droit devant un peu vers son côté gauche en faisant plonger avec le droit fil de ton épée dans ce temps la *stoccata* poussée. Là, en lui tirant un *roverso* à la face, tu tireras le pied droit en arrière. Tu pousseras ensuite une *punta* en *guardia di faccia* pour ta défense et tu t'arrangeras dans la précédente garde.

Et ainsi les contres à la *stoccata* sont terminés.

Maintenant je parlerai des contres qui peuvent se faire contre quelqu'un qui te pousse une *stoccata* pour te frapper d'un *mandritto* à la place, vous trouvant tous les deux avec le pied gauche devant en *coda longa e alta*.

En défense de cette *punta*, tu pourras tirer un *mezzo mandritto* à la main d'épée en défendant bien ta tête avec la bocle. Et l'épée tombera en *cinghiara porta di ferro*. Quand il tirera le *mandritto* pour te frapper la tête, aussitôt tu marcheras en avant avec le pied droit et tu reviendras en *guardia di testa* pour te défendre de celui-ci. Puis tu lui donneras de même un *mandritto* à travers la jambe. En retirant ensuite le pied droit en arrière, tu tourneras la main d'épée et par ce mouvement tu te trouveras arrangé en *coda longa e alta* avec le pied gauche devant.

Ou bien, tu ramèneras le pied gauche près du droit et tu mèneras le pied droit devant en chassant le droit fil de ton épée dans cette *punta*. Quand il tournera le *mandritto* pour te frapper la jambe, tu pourras te défendre rapidement de ce coup avec ton épée sous ta bocle vers son côté droit. Cela fait, tu lui atteindras la jambe droite d'un *roverso* transversal. Tu retireras ensuite le pied droit en arrière en lui poussant ensemble une *punta* allant jusqu'en *guardia di faccia* pour ta défense. Puis tu t'arrangeras dans cette garde de *coda longa e alta*.

Tu pourras également mettre le pied gauche derrière le droit en lui tirant un *mandritto* à la main d'épée qui tombera en *porta di ferro larga*. Quand il voudra frapper la tête du *mandritto*, tu le frapperas avec le *falso* en marchant un peu devant avec le pied droit et en lui tirant ensemble un *roverso* à la jambe. Tu retourneras ensuite de ce même pied en arrière en poussant une *punta* par-dessous ta bocle qui ira en *guardia di faccia* pour ta défense. Et tu t'arrangeras dans cette même garde.

Tu pourras aussi passer avec le pied droit vers son côté gauche et avec ce déplacement tu te couvriras avec la bocle tout en lui frappant la jambe d'un *mandritto*, et avec le pied gauche suivant le droit. Là, en tirant bien en arrière le droit et en tournant l'épée tu te trouveras dans cette même garde.

Ou bien tu marcheras avec le pied droit vers son côté gauche en lui chassant le droit fil de ton épée dans sa *punta*. Et tu lui tourneras aussitôt un *roverso* à la face de sorte qu'il ne puisse pas faire le *mandritto*. Puis en tirant le pied droit en arrière, tu tireras une *stoccata* dans la face en partant en arrière de toute ta personne élégamment. Tu retourneras ainsi dans la susdite garde. Puis également quand il tirera la *punta*, tu lui frapperas la main d'épée d'un *falso* de bas en haut jusqu'en *guardia di faccia*. Et quand il tirera le *mandritto*, tu marcheras alors avec le pied droit vers son côté gauche en lui percutant le bras d'épée avec un *mandritto*, et avec le pied gauche suivant le droit fortement par-derrière pour ta défense. Et en tournant la main d'épée, tu te retrouveras dans ladite garde.

Chapitre second

Et si l'ennemi te tire une *stoccata* et qu'ensuite il amène le pied gauche auprès du droit et marche du pied droit devant pour te donner un *mandritto* ou bien un *fendente*. A cette première *stoccata*, tu ne bougeras pas. Quand il viendra avec le *mandritto*, tu frapperas celui-ci en allant en *guardia di testa* avec le pied droit devant. Ensuite en lui frappant la jambe d'un *mandritto*, tu tireras en arrière le pied droit, et en tournant la main tu t'arrangeras en garde dans la façon souvent utilisée.

Chapitre Trois

S'il pousse une *punta* pour t'atteindre d'un *roverso* à la face ou à la jambe, tu regarderas sa main. Quand il chassera cette *punta*, tu passeras devant avec le pied droit en te défendant de celle-ci avec un *falso*. Pendant qu'il voudra t'offenser avec un *roverso* à la tête, tu passeras devant avec le pied gauche te défendant de celui-ci avec le droit fil de ton épée et avec ta bocle gardant bien la tête. Là, tu retireras en arrière le poing d'épée en lui poussant à la face une *stoccata*. Et en revenant avec un saut en arrière, tu retourneras dans cette dite garde.

S'il te tire ce *roverso* à la jambe, tu marcheras devant du pied gauche en tournant le droit fil à l'encontre du *roverso* de sorte que la pointe de ton épée regarde vers le sol. Tu lui pousseras ensuite une *stoccata* à la face en sautant en arrière. Au final, tu t'arrangeras dans cette dite garde.

Chapitre quatre

Ayant dit ce qui peut se faire en *coda longa e alta*, je parlerai par la suite de même des offenses et des contres qui peuvent se faire en *coda longa e stretta* avec le pied droit devant. Et il est manifeste qu'il n'existe pas de garde plus sûre pour se couvrir, ni de plus adaptée pour offenser que celle-ci. Voulant donc serrer ton ennemi dans cette garde, tu tireras le pied gauche auprès du droit et tu passeras ensuite devant avec le droit. Parce qu'en le serrant ainsi, il sera forcé de faire une de ces deux choses : soit tirer, soit aller en arrière. Et perdre un peu d'espace du champ n'est pas sans peu de honte.

Supposons néanmoins qu'il pousse une *punta* avec le pied gauche devant pour te décontenancer et être libre de te frapper de *mandritto* ou d'un quelconque autre coup comme il lui plaira. Pour te défendre de cette *punta*, tu iras avec l'épée en *cinghiara porta di ferro* en retirant le pied droit en arrière. Quand il voudra t'offenser avec le *mandritto* ou un autre coup, tu marcheras aussitôt avec le pied droit devant en frappant avec le *falso* dans ce coup. Tu lui atteindras ensuite la jambe droite avec un *roverso*. Puis pour ta défense, tu lui pousseras une *punta* dans la face par-dessous ta bocle. Là, en ramenant en arrière le pied droit d'un grand pas, tu tourneras la main d'épée de sorte que la pointe s'oppose à la face de l'ennemi. Tu feras ensuite de même une autre *punta* en faisant un saut élégant en arrière. Cela fait, tu te mettras dans cette garde de *coda longa e stretta* avec le pied droit devant.

Chapitre Cinq

Vous retrouvant tous les deux dans cette garde de *coda longa e stretta* avec le pied droit devant, si l'ennemi te pousse une *punta* avec le pied gauche pour te donner un *mandritto*. Tu te défendras de celle-là avec le droit fil. Et quand tu verras venir le *mandritto*, tu pousseras une *punta* jusqu'en *guardia di faccia* pour te défendre de celui-ci. Tu marcheras ensuite du pied gauche vers son côté droit en lui donnant ensemble un *roverso* dans la cuisse droite. De là, en lui poussant une *stoccata* dans la face tu partiras en arrière avec un saut et tu t'arrangeras dans cette garde de *coda longa e stretta* avec le pied droit devant.

Mais supposons que suite à la *punta* l'ennemi ne te tire pas un *mandritto* mais un *roverso* à la tête. Tu marcheras alors avec le pied droit[17] devant et tu pareras celui-là avec le droit fil de ton épée et avec la bocle gardant bien la tête. Là, tu marcheras avec le pied droit vers son côté gauche en lui donnant ensemble un *mandritto* dans sa cuisse gauche, avec le pied gauche suivant le droit. Pour ta défense, tu ramèneras le pied droit en arrière en tournant la main d'épée afin de te trouver en *coda longa e stretta* avec le pied gauche devant. Et là, te retirant en arrière de deux ou trois pas, tu iras avec le pied droit devant et tu t'arrangeras dans cette garde.

S'il ne tire pas ce *roverso* à la tête, mais à la jambe, tu frapperas celui-ci avec le droit fil de ton épée en marchant avec le pied gauche devant de sorte que ta pointe regarde vers le sol. Cela fait, tu lui tireras une *stoccata* au flanc en partant en arrière avec un saut. Et si tu ne veux pas sauter, tu te retireras de trois ou quatre pas pour retourner dans cette garde.

Chapitre six

Si l'ennemi te tire un *mandritto* pour te frapper la tête. Tu tireras en arrière le pied droit en lui percutant son bras d'épée d'un *mandritto*

---

17   Plus probablement le pied gauche ici, le pied droit étant déjà devant et le déplacement suivant se réalise aussi du pied droit

avec l'épée qui tombera en *cinghiara porta di ferro* et avec la bocle gardant bien la tête. Et là, tu te retireras en arrière avec le pied gauche et tu tourneras la main d'épée afin de te trouver arrangé dans la précédente garde de *coda longa e stretta* avec le pied droit devant.

Chapitre sept

Si l'ennemi te tire une *stoccata* ou un *mandritto* ou un *roverso* comme il veut, à chacun de ces coups tu feras pour te défendre un *falso* transversal au bras d'épée ne dépassant pas la *guardia di faccia*, et de telle sorte que la tête soit bien gardée par la bocle. Et là, tu t'arrangeras à nouveau dans la précédente garde.

Si à l'occasion il te tire un *mandritto* à ta jambe droite, tu mèneras aussitôt le pied gauche vers son côté droit en chassant ensemble le *falso* de ton épée par-dessous la bocle pour te défendre de cela. Tu donneras ensuite aussitôt un *roverso* à sa jambe droite suivi d'une bonne *stoccata* à la face que tu feras rapidement. Il conviendra alors de partir en arrière avec un saut élégant. Et là, en retournant devant avec le pied droit, tu t'arrangeras dans la garde ci-dessus.

Chapitre huit

Ayant décrit les démonstrations et les vertus qui peuvent se faire dans les précédentes gardes de *coda longa e alta* et de *coda longa e stretta* avec le pied droit devant, il reste à voir deux autres gardes dans ce combat qu'il est nécessaire de montrer au lecteur avisé de sorte qu'il puisse offenser et se défendre par de multiples façons dans celles-ci. Ces gardes sont la *cinghiara porta di ferro* et la *porta di ferro stretta*.

Prenant la première, je dis que vous trouvant tous les deux avec l'épée affûtée et la grande bocle, ou bien la targe, en *cinghiara porta di ferro*, chacun de vous peut commencer le combat. Et celui qui cherche la victoire ne doit par aucune façon être celui qui commencera, mais il devra attendre bien avisé dans cette garde.

Quand l'ennemi poussera une *punta* avec le pied droit devant pour t'atteindre d'un *mandritto* à la tête, tu pourras t'opposer à cette *punta* avec le *falso* de l'épée sans bouger les pieds. Et quand il tirera le *mandritto* à la tête, en marchant aussitôt devant avec le pied droit tu iras avec l'épée en *guardia di testa* te défendre de celui-ci, et tu lui frapperas la jambe d'un même *mandritto*, et tu feras que la bocle garde bien la tête pour ta défense. Ensuite, tu retireras en arrière le pied droit en lui poussant une *punta* en *guardia di faccia*. Puis tu t'arrangeras dans cette dite garde que nous avons prise dans le champ, c'est-à-dire la *cinghiara porta di ferro*.

S'il pousse une *punta* pour te frapper la jambe d'un *mandritto*, tu te défendras de celle-ci avec le *falso*. Et s'il veut faire ce coup à la jambe, tu fuiras en arrière avec le pied gauche et tu lui percuteras le bras d'épée en réponse avec un *mandritto*. Cela fait, tu te retireras de deux ou trois pas en arrière pour te couvrir en t'arrangeant dans cette même garde dont nous parlons.

S'il pousse une *punta* avec le pied droit devant pour pouvoir te frapper la tête d'un *mandritto* ou d'un *fendente*, tu pareras celle-ci avec le *falso*. Et quand tu verras qu'il voudra suivre avec ces coups, tu lui atteindras le bras d'épée d'un *mezzo mandritto* en tirant le pied gauche en arrière. Et de même en tirant le gauche[18], tu t'arrangeras dans cette garde.

Si également il chasse cette *punta* avec le pied droit devant pour t'offenser la jambe d'un *mandritto*, tu te protégeras de même de la *punta* avec le *falso*. Et dans son tour de *mandritto*, tu marcheras aussitôt devant avec le pied droit vers son côté droit en mettant le *falso* de ton épée sous ce *mandritto* accompagné au-dessus par la bocle. Et tu lui donneras un *roverso* à la cuisse. Là, pour te couvrir, tu fuiras avec le pied droit derrière en lui poussant une *stoccata* dans la face et en partant en arrière avec un saut. Cela fait, tu t'arrangeras dans cette même garde.

---

18   Plus certainement le pied droit ici, le pied gauche étant déjà derrière et la garde finale est réalisée avec le pied droit derrière

Si après avoir poussé cette *punta* avec le pied droit devant, il veut te donner un *roverso* à la face. En premier tu donneras bien du *falso* dans la *punta* de sorte que l'épée ne dépasse pas la *guardia di faccia*. Quand il tournera le *roverso* à la tête, tu marcheras d'un grand pas du pied gauche derrière le droit en faisant que la bocle garde bien la tête. Et là, tu donneras un *mandritto* transversal dans le bras d'épée. Ensuite tu ramèneras le pied droit en arrière et tu t'arrangeras dans la garde.

S'il chasse la *punta* pour ensuite te frapper d'un *roverso* à la jambe, tu frapperas comme d'habitude avec ton *falso*. Et te retirant en arrière du pied gauche, tu lui atteindras le bras d'épée d'un *mezzo roverso*. Tu tireras ensuite le pied droit en arrière en retournant t'arranger dans cette dite garde.

Chapitre neuf

Ici je traiterai des coups qui peuvent se faire quand vous vous trouvez tous les deux avec les armes en *porta di ferro stretta*. Voulant donc serrer ton ennemi et étant avec le pied droit devant, tu ramèneras le gauche auprès de celui-ci et tu marcheras du droit un peu devant.

Supposons que l'ennemi te pousse une *punta* pour te donner ensuite un *mandritto* ou un *roverso* ou un *fendente* à la tête. Tu frapperas cette *punta* comme d'habitude avec le *falso*. Quand il marchera du pied droit pour te donner un de ces dits coups, tu retireras le pied droit derrière et tu lui donneras un *mandritto* à travers le bras d'épée[19]. Et là, en ramenant de même le pied gauche en arrière, tu t'arrangeras dans cette dite garde de *porta di ferro stretta*.

S'il pousse une *punta* avec le pied gauche devant pour te frapper la jambe avant d'un *mandritto*. Tu t'opposeras d'abord à cette *punta* avec le *falso*. Quand il passera avec le droit pour te donner le *mandritto*, en fuyant en arrière avec le pied droit tu chasseras un coup similaire au sien à l'intérieur de son bras. Et pour ta sécurité, tu tireras de même le gauche en revenant dans cette garde.

---

19   *il brocchero della spada* soit la bocle de l'épée, il s'agit certainement d'une erreur ici entre *braccia* et *brocchero* comme suggéré par Tom Leoni,

Si suite à la *punta* avec le pied gauche devant, il veut marcher du pied droit et te frapper la tête d'un *mandritto* ou d'un *fendente*. En retournant en arrière du pied droit et en tombant l'épée en *cinghiara porta di ferro*, tu fuiras ainsi cette première *punta*. Et quand il marchera pour te frapper de *mandritto* ou de *fendente*, tu marcheras avec le pied droit devant en faisant un *falso* transversal de bas en haut dans l'épée adverse, et tu lui donneras aussitôt un *roverso* à la jambe. Tu fuiras ensuite pour te couvrir avec le pied droit en arrière en lui poussant une *punta* dans la face par-dessous ta bocle. Et là en retournant de même le pied gauche en arrière, tu t'arrangeras dans cette garde.

Et quand suite à cette *punta* avec le pied gauche devant, il passe bien avec le droit pour te frapper d'un *mandritto* à la jambe. En premier, tu te défendras de cette *punta* de façon habituelle avec le *falso*. Quand il marchera pour t'atteindre de *mandritto*, tu marcheras aussitôt devant avec le pied gauche vers son côté droit en lui chassant le *falso* de ton épée par-dessous ta bocle, et là tu te défendras de ce coup. Tu lui donneras ensuite un *roverso* à la jambe et tu lui tireras un *stoccata* dans la face. Puis tu partiras avec un bond arrière en revenant dans cette garde.

Mais s'il pousse une *punta* avec le pied gauche devant pour te frapper la tête d'un *roverso*. Tu opposeras ton *falso* à cette *punta* pour te défendre sans bouger des pieds. Et quand il marchera pour te donner le *roverso*, tu marcheras aussitôt avec le pied gauche devant et tu feras une demi-volte du poing de l'épée en te défendant de celui-là et en faisant que la bocle garde bien la tête. Aussitôt, tu lui pousseras ta bocle dans son épée en lui tirant une *stoccata* à la face ou à la poitrine comme tu veux. Tu partiras enfin avec un saut arrière en revenant dans cette garde.

Et s'il chasse une *punta* avec le pied gauche pour te donner du *roverso* dans la jambe. En défense de cette *punta*, tu marcheras avec le pied gauche vers son côté droit en tirant un *falso* dans celle-ci sans dépasser la *guardia di faccia*. Quand il tournera ce *roverso* à la jambe, tu passeras aussitôt devant avec le pied droit en tournant un *mezzo roverso* de bas en haut de telle sorte que la pointe regarde vers le sol. Ainsi tu t'en seras défendu. Et là, tu lui percuteras le bras d'épée d'un *mandritto* transversal en faisant que la bocle garde bien la tête. Ensuite en te retirant en arrière du pied droit, tu iras avec l'épée en *guardia di faccia* puis tu retireras le pied gauche derrière en t'arrangeant dans cette garde.

Chapitre dix

J'ai ici fourni toutes les démonstrations de ce qui peut se faire dans les quatre gardes à l'épée affûtée avec la grande bocle ou avec la targe en main. Mais j'ai omis beaucoup d'autres coups qui ne sont pas aussi magistraux afin de ne pas être trop long. J'ai néanmoins fait un chapitre séparé avec ceux-ci pour en donner les principes *en coda longa e alta* qui fut la première garde, ainsi qu'en *porta di ferro* qui fut la quatrième et dernière.

Je dis donc que de la *coda longa e alta* avec le pied gauche devant, tu peux pousser une *punta* et faire semblant de lui tirer un *roverso* à la tête mais lui atteindre la jambe d'un *mandritto*.

Tu peux également pousser une *punta* avec le pied droit devant et faire voir de lui donner un *mandritto* à la tête mais lui tirer un *roverso* à la jambe.

Tu peux également bien pousser une *punta* avec le pied droit, puis lui atteindre la jambe d'un *mandritto* en menant le pied gauche vers son côté droit et avec la bocle défendant bien la tête. Et le pied droit suivra le gauche par-derrière.

Ou bien tu tireras une *stoccata* sans bouger des pieds et tu ramèneras ensuite le pied gauche auprès du droit. Cela fait, tu marcheras du droit devant en tirant ensemble un *mandritto* ou un *fendente* ou un *roverso* comme tu veux.

Tu pourras également tirer un *mezzo mandritto* à la main adverse et retourner avec un *roverso* à la jambe sans bouger les pieds.

Ou bien tirer un *falso* de bas en haut à sa main d'épée sans aucun déplacement.

Ou tu pousseras une *stoccata sopra mano* avec le pied droit devant, laquelle tombera en *porta di ferro larga*. Là, tu pourras faire *falso* et *mandritto* et ensuite *falso* et *roverso*. En outre de ça, tu pourras aussi faire un *falso* allant jusqu'en *guardia di faccia*, et en passant ensuite avec le pied gauche devant tu feras une demi-volte du poing en lui poussant une *punta* dans la face, ou dans la poitrine. Et ce coup est singulier contre un gaucher parce que tu seras couvert dans chacun des coups que tu lui tires.

Et si un gaucher te tire à la jambe, il est nécessaire que tu suives cette règle, c'est-à-dire que tu passeras avec le pied gauche devant et que tu tourneras la pointe de l'épée vers le sol en te défendant là de son coup. Puis tu lui chasseras une *stoccata* dans la face.

Et quand ce gaucher te tourne un *mandritto*, tu frapperas la main arrivante d'un *roverso*. Et s'il tire de *roverso*, de même tu frapperas d'un *mandritto*. Donc, tu suivras toujours ces règles contre un gaucher en marchant toujours contre son épée.

Suit maintenant le combat contre un autre qui n'est pas gaucher. Par expérience, s'il veut t'atteindre la tête d'un *mandritto*, tu te retireras du pied gauche en arrière en lui donnant un *mandritto* à la main d'épée,

Et s'il tire un *mandritto* à la jambe, tu ramèneras le pied gauche en arrière en lui frappant la main d'épée d'un *mezzo mandritto*.

Et te retrouvant avec l'ennemi dans cette garde de *coda longa e alta* avec le pied gauche devant, tu peux pousser une *stoccata* sans bouger des pieds. Et là, tu ramèneras le pied gauche auprès du droit de sorte que l'épée aille derrière en *distesa*. Tu marcheras aussitôt avec le pied droit devant en lui poussant une autre *punta sopra mano*. Cela fait, tu ramèneras le pied droit auprès du gauche et l'épée sous le bras. Aussitôt en passant avec le pied gauche devant, tu lui pousseras une *punta roversa* dans la face et tu marcheras rapidement avec le pied droit vers son côté gauche en lui offensant la tête ou la jambe avant d'un *mandritto*. Et si cela est mieux, tu peux le faire avec un *roverso*.

Chapitre onze. Du jeu à deux épées

Parce que le jeu avec deux épées, une dans chaque main, est très utile et très beau, j'ai composé dans ce chapitre les différents éléments que vous pouvez faire avec maîtrise.

Vous retrouvant donc dans un coin de la salle face à votre ennemi et voulant combattre avec lui, pour cela tu auras le pied droit un peu devant le gauche, l'épée de la main droite en *porta di ferro stretta* et l'épée de la main gauche en *guardia di testa*. Tu passeras en premier avec le pied droit un peu de travers vers ton côté gauche et tu avanceras de même avec le gauche en faisant avec l'épée droite *falso* et *roverso* et avec la gauche *falso* et *mandritto*, tombant avec la gauche en *porta di ferro stretta* et avec la droite en *guardia di testa*, et de sorte que le pied droit suive le gauche.

Là, en passant avec le pied droit devant, l'épée de la main gauche devra faire *falso* et *roverso*, et celle de la main droite *falso* et *mandritto*. Retombant avec la droite en *porta di ferro* et avec la gauche en *guardia di testa* pour te couvrir.

Tu avanceras ensuite avec le pied droit vers son côté gauche puis avec le gauche devant en faisant *falso* et *roverso* avec la main droite amenant l'épée en *guardia di testa*, et *falso* et *mandritto* avec la gauche en t'arrangeant en *porta di ferro stretta* de sorte que la jambe droite suive la gauche. Et ainsi se termine l'aller au jeu.

Suivent maintenant les coups qui se font dans le jeu ainsi que le retour du jeu, comme fait dans les assauts à l'épée bocle dans le second livre. Etant proche de ton ennemi et toi voulant le frapper, tu iras avec le pied droit devant en lui poussant une *punta* dans la face et en tirant ensuite un *roverso* à la jambe de sorte que ton épée droite tombe en *coda longa e stretta* et que la gauche aille en *guardia di testa*. Tu guideras rapidement le pied gauche vers son côté droit en lui tirant un *fendente* à la tête avec l'épée gauche, laquelle tombera en *porta di ferro stretta* de sorte que le pied droit suive le gauche. Là, tu chasseras les deux pointes en avant en croisant les épées pour te couvrir de sorte que l'épée droite soit au-dessus de la gauche.

Tu passeras ensuite avec le pied droit vers son côté gauche en lui tirant à la tête avec l'épée droite un *mandritto* en *porta di ferro*, et avec la gauche tu te couvriras en *guardia di testa*, avec le pied gauche derrière le droit. Là, tu avanceras le pied droit vers son côté droit puis de même avec le gauche, et dans ce déplacement l'épée droite doit faire *falso* et *roverso* et la gauche *falso* et *mandritto*, allant avec la gauche en *porta di ferro stretta* et avec la droite en *guardia di testa* pour te couvrir, la jambe droite suivant la gauche. En allant ensuite avec le pied droit devant, tu lui pousseras une *punta* dans la face avec l'épée de la main droite.

Là, en allant avec le pied gauche vers son côté droit, tu lui donneras un *mandritto* à travers la tempe droite avec l'épée gauche. La jambe droite suivra la gauche et l'épée de cette main gauche tombera en *porta di ferro stretta* et celle de la droite en *guardia di faccia*. Tu passeras ensuite avec le pied droit devant en poussant une *punta* à la face accompagnée d'un *mandritto* tombant en *porta di ferro stretta*, et l'épée gauche ira en *guardia di testa*. Puis tu pousseras aussitôt une *punta* dans la face avec la gauche et avec ton pied gauche devant. Cela fait, tu passeras alors avec le droit vers son côté gauche en lui tirant avec l'épée droite un *mandritto* dans la tempe gauche qui tombe en *porta di ferro* et avec la jambe gauche suivant la droite par derrière et avec l'épée droite en *guardia di testa*.

Et si par aventure l'ennemi veut te répondre avec l'épée droite en tirant un *mandritto* à la tête, tu frapperas celui-ci avec l'épée gauche, et avec la droite tu lui donneras une *punta* dans la poitrine.

Mais s'il répond de *roverso*, tu iras t'en protéger avec l'épée droite, et avec la gauche tu lui donneras un *mandritto* dans la face.

Et quand il te fait cette riposte de *mandritto* avec l'épée gauche, tu t'en défendras avec le vrai tranchant de l'épée de la main droite tout en lui donnant avec celle de la main gauche un *fendente* à la face.

De même, si le *roverso* de l'ennemi est tiré avec la main gauche, tu le frapperas du droit fil de l'épée gauche en lui donnant une *punta* dans la face avec l'épée droite. Puis, ayant ramené le pied gauche auprès du droit, tu iras avec le droit devant en faisant *falso* et *roverso* de la main droite, et avec l'épée de la main gauche tu feras un *mezzo mandritto* jusqu'en *guardia di faccia*. Là, tu tireras le pied droit auprès du gauche et à présent tu marcheras devant du pied gauche en lui poussant une *punta* dans la face avec l'épée gauche. Puis en guidant rapidement le pied droit vers son côté gauche, tu lui atteindras la tête d'un *mandritto* qui tombera en *porta di ferro stretta*. De cette façon le pied gauche suivra le droit et l'épée gauche se trouvera en *guardia di testa*.

Ayant donné le jeu et voulant retourner de manière gracieuse dans le coin de la salle d'où tu es parti au début, tu tireras en arrière le pied droit en faisant *falso* et *roverso* avec l'épée droite en allant en *guardia di testa*, et avec la gauche tu feras *falso* et *mandritto* et tombera en *porta di ferro stretta*. Ensuite, en retirant de même le gauche en arrière sur un nouveau pas, tu tireras avec l'épée de la main gauche *falso* et *mandritto* montant en *guardia di testa*, et avec la droite tu feras *falso* et *mandritto* tombant en *porta di ferro*. Là, avec un autre pas tu ramèneras en arrière le pied droit avec *falso* et *roverso* de l'épée droite montant en *guardia di testa*, et avec la gauche tu feras *falso* et *mandritto* qui tombera en *porta di ferro stretta*. Et ainsi tu auras fait un beau retour.

Chapitre douze. Du jeu à l'épée seule

Voulant combattre contre ton ennemi avec l'épée seule, en premier tu t'arrangeras avec le pied droit devant et l'épée en *porta di ferro stretta*. Et sans tirer aucun coup, tu le serreras de cette façon, c'est-à-dire que tu amèneras le pied gauche auprès du droit et tu marcheras ensuite du droit devant. L'ennemi se trouvant ainsi serré, il devra soit frapper, soit fuir en arrière.

Et s'il pousse une *punta*, tu la frapperas avec le *falso* en lui tournant un *mezzo roverso* à la cuisse. Et pour te défendre tu lui tireras un *falso* de bas en haut à la main d'épée en ne dépassant pas la *guardia di faccia*. Et au final, tu tailleras en garde de *porta di ferro stretta*.

Mais s'il te tire une *punta* à la face pour te frapper d'un *mandritto* ou d'un *roverso*, tu t'en couvriras avec le *falso*. Quand il tirera le *mandritto* à la tête, tu t'en défendras avec l'épée en *guardia di testa*. Et avec un tel coup tu le frapperas à la jambe ou à la tête comme tu veux.

Si à cette occasion il veut t'atteindre la jambe de *roverso* ou de *mandritto*. En opposition du *mandritto*, tu ramèneras le pied droit en arrière en lui donnant un *mezzo mandritto* à la main d'épée. Mais s'il veut te donner le *roverso*, tu fuiras en arrière bien avec ce même pied en lui frappant le bras d'épée d'un *mezzo roverso*. Et tu t'arrangeras finalement dans la *porta di ferro stretta*.

S'il te pousse une *punta* pour te donner un *roverso* à la tête ou à la jambe. Si c'est à la tête, tu t'en défendras avec le *falso* de l'épée sans bouger des pieds. Et pour contrer le *roverso* arrivant, tu passeras avec le pied gauche devant en faisant une demi-volte du poing et ainsi tu te seras défendu de cela. Ensuite, en marchant aussitôt avec le pied droit devant vers son côté gauche, tu lui donneras un *mandritto* à la tête ou à la jambe, là où tu veux. Cela fait, la jambe gauche doit suivre la droite.

S'il te tire le *roverso* à la jambe, toi en passant devant avec le pied gauche, tu tourneras la pointe vers le sol en lui poussant une *stoccata* au flanc. Et à présent, en te levant en arrière avec un saut, tu iras au final dans la garde de *porta di ferro stretta*.

Et si tu vois venir à ton côté supérieur un *mandritto* ou un *roverso* ou un *fendente* ou une *punta*, tu pareras chacune de ces bottes avec un *falso* bien puissant qui ne dépassera pas la *guardia di faccia*. Là, tu marcheras aussitôt devant en faisant une volte du poing. Cela fait, tu lui pousseras une *punta* dans la face ou dans la poitrine, où tu veux. Tu peux également suite à cette défense de *falso* lui tirer un *mandritto* à la face qui ira par en bas aux bras et à la poitrine, en avançant un peu devant avec le pied droit autant que tu peux le faire dans ce coup. Et cela est une défense singulière qui peut se faire dans ce jeu.

LIVRE CINQ

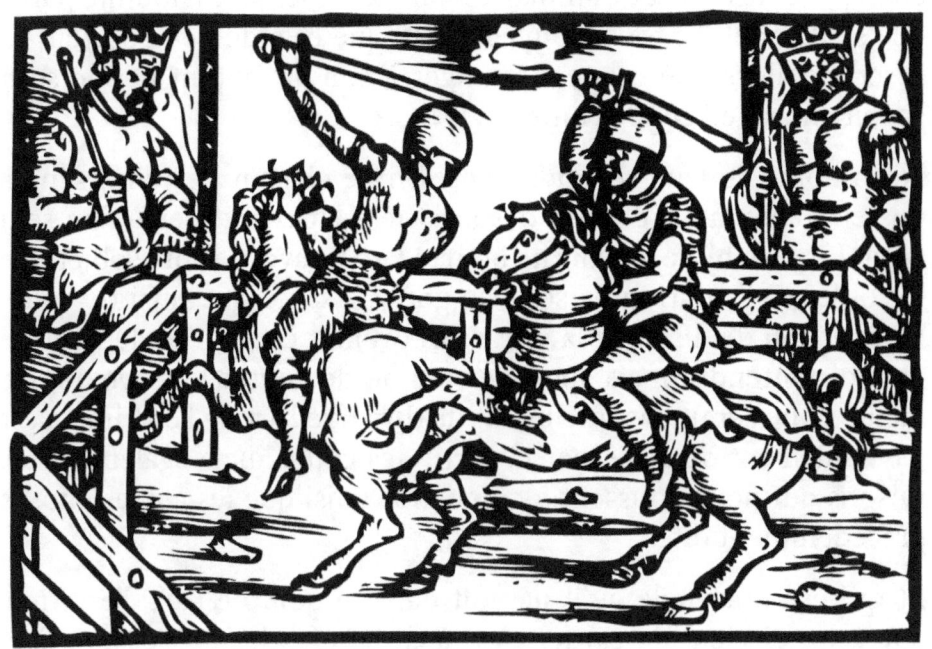

Il advient souvent dans les repas copieux mais peu organisés que tous les convives se déclarent comblés sans avoir goûté à cause de l'abondance de la nourriture qui est apportée en une seule fois. Et cela en se plaignant clairement des serveurs, lesquels qui, soit pour fuir la fatigue de transporter les plats lourds, soit pour vouloir manger en même temps que les invités de l'honorable repas, ont fait injure à ceux-ci assis autour de la table.

N'ayant pas voulu m'engager dans ce genre d'erreur stupide, je n'ai pas désiré, cher lecteur, placer au début de cette œuvre toutes les choses, mais les apporter dans chacun des livres (à la façon des plats), et vous faire goûter ainsi à la saveur du contenu du livre et chacun avec leur cher prologue comme je vais le faire à présent pour me défendre ainsi des nombreuses affres de la jalousie.

Parce que beaucoup d'ignorants disent que mon œuvre est incomplète car elle ne contient pas les façons d'inviter un ennemi à combattre dans les justes duels qui peuvent conduire des guerriers aux coups mortels. Façons dans lesquelles se trouvent l'élection du champ, des armes et de similaires fables. Fables je les nomme parce que seulement les fous trouvent juste que cela doive appartenir à l'escrime alors que cela est étranger à son art autant que le sont l'orbite du soleil et de la lune.

Néanmoins, je leur réponds que comme chacun des cinq sens a un seul objet, ainsi chacun des arts ne peut concerner qu'un seul sujet. La possibilité de voir ne pourra jamais avoir d'autre objet que la couleur ; l'audition, le son ; le goût, la saveur et ainsi de suite. Il serait fou de dire que la vertu des oreilles est non seulement de pouvoir entendre mais aussi de voir ou de goûter les saveurs. De même, il ne serait pas intelligent de dire que l'art de l'escrime n'est pas seulement de discerner la vertu des coups mais également les raisons qui nous poussent à combattre ainsi que les autres choses précédemment dites.

Et qui est si aveugle qu'il ne voit dans le nom de l'art, l'escrime, que celui-ci vient de garder c'est-à-dire défendre[20], et cela amène à la connaissance de son sujet, c'est-à-dire savoir donner les coups et savoir se défendre de ceux-ci. S'il devait également traiter des raisons du combat et de l'élection des armes, il serait nécessaire que celui-ci ait un autre nom que l'escrime ou la défense. On pourrait également le nommer justice, ou loi impériale.

Vous, les ignorants, vous, les chefs d'enseignement émoussé, ne voyez-vous pas encore dans quelle erreur vous êtes ? Laissez dans votre malheur la loi aux juristes. Et si vous connaissez l'art de l'escrime, parlez seulement de ce qui concerne la défense, c'est-à-dire la grande justesse qu'il convient d'avoir pour se sauvegarder d'une offense, ainsi que de comment offenser l'ennemi. Et quand vous connaissez la science de la loi, vous pouvez parler de celle-ci en tant que législateur mais non en tant qu'escrimeur.

Une même chose peut être considérée de plusieurs façons, comme

---

20   *il nome della arte che è schermitoria dal schermire cioè dal difendere detta* : nous avons ici la déclinaison en italien du terme *schermire* qu'il n'est pas possible de rendre ici en français

la nature du corps humain peut être considérée par un philosophe ou un médecin ou un astrologue. Le philosophe voit cela comme une jonction du corps et de l'esprit, ou de matière et de forme. Pour le médecin, il est composé de quatre éléments avec un qui domine quand celui-ci est soumis à une maladie. Il le considère aussi comme un schéma individuel alors que le philosophe comme une pensée universelle. L'astrologue considérera ce même corps comme un individu avec les influences célestes sous lesquelles il est né. Il ne serait pas légal (par exemple) que le médecin voulant parler du corps humain parle également des influx célestes réglant celui-ci en plus de ses compositions. Car s'il parle de ces influx, on ne l'appellerait plus médecin, mais astrologue.

Ainsi deux personnes devant combattre peuvent être considérées diversement par le juriste et l'escrimeur. Le juriste considèrera si la raison du combat ainsi que l'élection est juste ou non. Mais l'escrimeur considérera si rester dans telle garde est sûr et avec quel coup il pourra offenser.

Il est néanmoins plus convenable pour un médecin de parler d'astrologie de par la proximité de ces deux sciences, que pour un escrimeur de parler des raisons civiles ou impériales.

Malgré cela, l'escrime et la médecine sont similaires. Ainsi, là où la médecine commence est là où la philosophie prend fin. Ainsi l'escrime commence sa vertu là où la justice prend fin. De sorte que le juriste finit quand il a assigné les raisons ayant conduit au combat afin que celui-ci soit licite, et que l'escrimeur commence quand les armes sont données.

Tout comme les écrivains qui commencent à œuvrer sur le papier que le fabricant leur a fourni. Quand ils ont le crayon en main, ils ne sont pas concernés de quelle matière il est composé, ce qui est du domaine des fabricants. Et comme il advient que l'écrivain utilise souvent du papier qui n'est pas bon par manque d'autres matériaux, ainsi l'escrimeur peut œuvrer avec les armes sans beaucoup de raison. Ce n'est pas la raison civile qui fait cet art bon, mais seulement la connaissance des offenses et des défenses.

Ainsi, il est manifeste que le sujet de celui-ci est la connaissance des coups et de rien d'autre. Et si je vous enseigne suffisamment de ceux-ci dans cette œuvre, qu'aurai-je manqué ? Où me serai-je trompé ? Qu'est-ce qui dans mon art ne satisfait pas tout cela ? Ils seront bien mauvais (et aussi présomptueux) ceux qui proposent de parler de l'art de l'escrime et traitent de ces radotages. Et je ne nommerai pas cela autrement, car ils sont ignorants des principes d'Aristote dans *Premier Analytique* qui dit qu'il n'est pas licite d'aller de genre en genre et ainsi de sujet en sujet.

Pour retourner à notre propos, j'ai divisé ce cinquième livre en quatre jeux. Le deux premiers sur l'épée affûtée avec la cape, le premier sur le combat en un contre un et le second sur le combat à deux contre deux. Le jeu suivant est sur l'épée affûtée dans la main droite et le poignard dans la gauche. La quatrième sur l'épée et la rondache. Commençons donc ici le premier jeu.

Chapitre premier du jeu à l'épée cape

Si par aventure tu as la cape sur le dos, tu la laisseras tomber de ton bras[21] droit pour qu'elle finisse au milieu du bras gauche. Cela fait, tu tourneras rapidement la main gauche par l'extérieur pour ramener la chute de la cape par-dessus le bras. A présent, en prenant l'épée avec l'autre main, tu t'arrangeras élégamment avec le pied gauche devant en *coda longa e alta*.

Si tu vois ton ennemi s'arranger dans cette même garde, alors tu serreras vers lui sans faire de coup. Il sera ainsi forcé soit de tirer soit de fuir. S'il tire une *stoccata* avec le pied gauche devant, tu marcheras avec le pied droit vers son côté gauche en lui répondant d'un *roverso* à la façon d'un *fendente* à travers son bras d'épée, et le pied gauche suivra le droit. En tirant ensuite ton pied droit en arrière, tu t'arrangeras en *coda longa e alta* comme il a été dit ci-dessus.

Te retrouvant arrangé dans cette garde, tu marcheras avec le pied droit devant en lui poussant un *mezza punta*. Là, tu lui tireras

---

21 *homero* : Humérus dans le texte original

aussitôt un *mezzo roverso* dans sa main de cape sans bouger l'épée de place de telle sorte que par ce coup de taille dans son poing, il te réponde comme il se doit d'une *punta* ou d'un *mandritto* ou d'un *fendente*. Quand il poussera la *punta*, tu pousseras celle-ci avec le droit fil de ton épée vers le sol en lui offensant la poitrine d'une *punta roversa*. Ou bien, tu lui tireras un *roverso* dans le visage. S'il fait le *mandritto* ou le *fendente*, à chacun d'eux tu marcheras devant avec le pied gauche en te défendant avec la cape et en lui poussant un *stoccata* au flanc. Cela fait, tu partiras d'un saut en arrière dans la garde enseignée ci-dessus.

Si l'ennemi est également dans cette garde et qu'il te pousse une *stoccata* avec le pied gauche devant pour le ramener auprès du droit et ensuite marcher avec le droit devant en te frappant en même temps la tête d'un *mandritto*. Tu ne bougeras pas à cette première *stoccata*. Quand il tirera le *mandritto* à la tête, tu fuiras avec le pied gauche en arrière en lui tirant un *mandritto* à la main d'épée. Tu fuiras ensuite avec le pied droit en arrière en faisant une demi-volte du poing et en t'arrangeant dans cette même garde.

Si l'ennemi est dans cette garde et qu'il veut te pousser une *punta* ou un *mandritto* ou un *fendente*, pour chacune de ces bottes tu marcheras devant avec le pied gauche vers son côté gauche en lui chassant l'épée avec la pointe vers le sol. Ensuite, à la façon d'une rotation, tu la ramèneras en la faisant tourner vers le haut dans chacun de ses coups offensifs. Là, en marchant avec le pied droit vers son côté gauche, tu lui frapperas la tête ou la jambe d'un *mandritto* de telle sorte que le pied gauche suive le droit. Cela fait, tu retireras en arrière le pied droit en faisant cette volte du poing pour t'arranger dans cette garde.

Tu pourras également à l'occasion provoquer l'ennemi s'il ne veut pas sortir de la garde. Tu lui pousseras donc une *mezza punta* avec le pied droit devant et tu tireras un *mezzo roverso* à la cuisse pour attendre sa riposte. Si celle-ci est une *punta*, tu la frapperas avec le droit fil en la faisant plonger vers le sol et tu lui donneras aussitôt une autre *punta roversa* dans la poitrine ou un *roverso* dans la face.

S'il tire de *mandritto* ou de *fendente* à la tête, tu iras avec l'épée en *guardia di testa* pour te défendre de cela et tu lui donneras en riposte un *mandritto* à la tête ou à la jambe comme tu veux. S'il veut tirer ces coups à la jambe, en passant avec le pied gauche devant tu chasseras le *falso* sous l'épée adverse et tu lui donneras un *roverso* à la jambe de telle sorte que ton pied droit suive le gauche par-derrière. Tu lui pousseras ensuite une *stoccata* à la face en partant aussitôt avec un saut en arrière. Enfin, tu reviendras dans cette même garde.

Si l'ennemi essaye de te faire bouger de la garde avec cette *punta* avec le pied droit devant afin de te frapper la tête ou la jambe avant d'un *roverso*. Au cas où tu le vois arriver à la tête, en premier tu te défendras de la *punta* en lui frappant la main d'épée d'un *mezzo mandritto* tombant en *cinghiara porta di ferro*. Et quand il tirera le *roverso*, en marchant avec le pied droit devant, tu iras avec l'épée en *guardia di testa* te protéger de son coup. Et en faisant que la cape garde bien la tête, tu lui donneras un *mandritto* à la tête ou à la jambe comme tu veux. S'il tire un *roverso* à la jambe, tu marcheras avec le pied droit devant en faisant dans ce temps une demi-volte du poing pour que la pointe de l'épée regarde vers le sol, et là tu frapperas ce *roverso*. Tu lui donneras ensuite aussitôt un *mandritto* à la tête. Pour te couvrir, tu fuiras en arrière avec le pied droit en revenant dans cette garde.

L'ennemi voulant également te faire bouger de la garde avec un *mandritto* ou un *fendente* à la tête afin de te frapper d'un quelconque coup. Tu retireras le pied gauche en arrière en lui donnant un *mezzo mandritto* dans le bras d'épée. En fuyant de même avec le droit, tu t'arrangeras en garde comme d'habitude. S'il tire de *mandritto* à la jambe, tu amèneras le pied gauche bien en arrière en lui tirant un *mandritto* à la main d'épée. En ramenant ensuite de même le droit, tu t'arrangeras dans la garde. Au cas où l'ennemi te tire un *mandritto* à la tête, en marchant avec le droit devant vers son côté droit, tu lui pousseras une *punta* dans la face et dans le bras d'épée en te faisant petit sous celle-ci. Tu te seras ainsi défendu de son coup. Tu mèneras ensuite le pied gauche vers son côté droit en le frappant d'un *roverso* transversal à la jambe droite, avec le pied droit allant derrière le gauche. Pour te couvrir, tu pousseras une *stoccata* au flanc en partant en arrière avec un saut et en revenant dans la garde habituelle.

Si également l'ennemi veut bien t'offenser la tête d'un *mandritto* ou d'un *roverso* en réponse à n'importe quel coup. Tu passeras avec le pied droit devant te défendant en le frappant de la cape, et dans le même temps tu chasseras une *stoccata* dans la poitrine. Puis en retirant le pied droit derrière, tu iras avec l'épée en *guardia di faccia* pour te couvrir. En retirant de même le pied gauche, tu t'arrangeras en *coda longe e stretta* avec le pied droit devant.

Ayant parlé de ces coups qui peuvent se faire à l'épée affûtée avec la cape en étant avec le pied gauche devant en *coda longa e alta*, maintenant nous ajouterons ces autres non moins profitables coups qui peuvent se faire à l'épée avec la cape en *coda longa e stretta* avec le pied droit devant.

Étant arrangé dans cette garde, pendant que l'ennemi t'attaque d'un *mandritto* ou d'un *fendente*, tu pourras te couvrir en allant en *guardia di testa* pour te protéger de cette frappe et tu riposteras aussitôt d'un *mandritto* à la jambe. Puis pour te couvrir tu retireras le pied droit en arrière en poussant ensemble une *punta* qui va en *guardia di faccia* en compagnie de la cape. Là, tu ramèneras le pied gauche en arrière en tournant la main d'épée afin de t'arranger dans cette garde de *coda longa e stretta* avec le pied droit devant.

Pour contrer le *mandritto*, tu pourras également pousser une *punta* à la face en te faisant petit sous ton épée et ainsi tu te seras défendu de cela. Cela fait, tu marcheras aussitôt avec le pied gauche vers son côté droit en lui donnant un *roverso* à la jambe de sorte que le pied droit suive le gauche. Là, pour te couvrir tu lui pousseras une *stoccata* à la face en partant avec un saut en arrière. Tu te remettras ensuite dans cette même garde. Ou bien, tu pourras marcher avec le pied gauche devant en te défendant avec la cape de ce *mandritto* à la tête. Cela fait, tu pousseras une *stoccata* au flanc et tu partiras avec un saut en arrière retournant t'arranger dans la garde dont nous parlons ici. Ou bien, tu lèveras la cape en *guardia di testa* en lui donnant dans ce temps un *mezzo mandritto* dans son bras offensant de sorte que l'épée aille en *porta di ferro stretta*. Pour te couvrir, tu retireras le pied droit en arrière en allant avec l'épée accompagnée de la cape en *guardia di faccia*. Là, tu fuiras avec le pied gauche en arrière en t'arrangeant dans cette dite garde.

Dans le cas où il tire un *mandritto* à la jambe, tu marcheras avec le pied gauche vers son côté droit en chassant le *falso* de l'épée sous son coup et tu lui donneras aussitôt un *roverso* à la jambe de sorte que le pied droit suive le gauche par-derrière. Pour te couvrir, tu tireras une *stoccata* à la face en partant avec un saut élégant en arrière et en te retrouvant au final dans cette garde. Ou bien, tu fuiras avec le pied droit derrière en le frappant d'un *mezzo mandritto* dans le bras d'épée. Tu tireras ensuite le pied gauche en arrière pour t'arranger dans cette garde.

Vous trouvant encore tous les deux dans cette garde de *coda longa e stretta* avec le pied droit devant et toi voulant l'offenser, tu marcheras avec le pied gauche devant vers son côté droit lui poussant une *punta* dans la face. Quand il voudra se défendre de celle-ci, tu marcheras avec le pied droit devant en lui chassant ta cape sous son épée. Et dans ce temps, tu tireras le poing d'épée en arrière et tu lui donneras une autre *punta* au flanc. Là, tu te couvriras en fuyant avec le pied droit en arrière en lui frappant le bras d'épée d'un *mezzo mandritto* de sorte que ton épée tombe ensuite en *cinghiara porta di ferro*. Tu partiras ensuite avec trois ou quatre pas en arrière pour t'arranger dans cette précédente garde.

Jeu à deux contre deux avec les épées affûtées et la cape en main

Dans ce jeu ou combat mortel, tu iras avec ton compagnon à l'encontre des deux autres ennemis de sorte que chacun en ait un en opposition afin de former un carré. Cela fait, tu conviendras tacitement avec ton partenaire de changer d'ennemi en croisant de la manière suivante. Ayant ton compagnon à ta gauche ou à ta droite, comme tu veux, celui de vous qui se trouve à la gauche (suivant la règle échangée entre vous) fera semblant de pousser une *stoccata* à son ennemi qui sera en face de lui. Néanmoins, en abandonnant cette feinte il devra marcher fortement avec le pied droit vers l'ennemi de son compagnon en se défendant avec la cape de celui qu'il a abandonné. Et en faisant cela, il l'assaillira au flanc d'une *stoccata* faisant suite à la feinte. Son compagnon doit également faire cela non contre son ennemi, mais à celui de son soutien en allant similairement en croisant et en poussant une *punta* au flanc. Chacun de vous trouvant le compagnon de son ennemi par surprise, vous aurez à cœur de repartir élégamment du combat avec la victoire désirée.

Jeu de l'épée affûtée dans la main droite avec le poignard dans la gauche

En premier, tu t'arrangeras avec le pied gauche devant, l'épée en *coda longa e alta* et le poignard en *porta di ferro stretta*. Puis tu amèneras le pied droit près du gauche pour marcher ensuite du pied gauche en avant de sorte que ton ennemi soit obligé soit d'attaquer soit de reculer.

S'il t'attaque d'un *mandritto* à la tête, tu iras avec le poignard en *guardia di testa* pour te garder de celui-ci tout en passant rapidement avec le pied droit vers son côté gauche. Et dans ce pas tu lui donneras un *mandritto* à la jambe ou une *punta* au flanc, et ta jambe gauche suivra la droite par-derrière. Pour te couvrir, tu te retireras de trois ou quatre pas en arrière en t'arrangeant dans la garde précédente.

S'il te tire une *stoccata*, tu la frapperas du *falso* de ton poignard en lui poussant une *stoccata* d'une façon similaire au flanc, en avançant un peu du pied gauche devant. Pour te couvrir, tu feras un saut en arrière pour t'arranger dans la garde enseignée ci-dessus.

Si vous voyez venir la pointe de l'ennemi au visage afin qu'il puisse vous offenser la jambe avant d'un *mandritto*, tu te garderas de la pointe avec le poignard. Quand il voudra te donner son *mandritto*, tu chasseras le *falso* de ton épée en dessous. De là, tu passeras aussitôt avec le pied droit vers son côté gauche en lui donnant un *mandritto* à la tête ou à la jambe et en faisant que le pied gauche suive le droit et que le poignard aille en *guardia di testa*. Ensuite pour te couvrir, tu te retireras de trois ou quatre pas en arrière en t'arrangeant dans la garde ci-dessus.

Si aussi ton ennemi te pousse une *punta* pour t'endommager la tête ou bien la jambe avant d'un *roverso*. Alors tu te couvriras avec le poignard et quand il voudra venir avec le *roverso* à la jambe, tu le frapperas également du poignard en faisant que la pointe regarde vers le sol. Tu pousseras en même temps une *punta* de ton épée à la poitrine ou tu lui frapperas le bras d'épée d'un *falso*.

Jeu de l'épée et rondache

Tu te placeras dans un coin de la salle avec l'épée en main, la rondache au bras, avec autant de grâce qu'il soit possible. Voulant assaillir l'ennemi, tu avanceras avec le pied gauche vers son côté droit et marcheras devant avec le pied doit, et dans ce déplacement tu feras *falso* et *mandritto* de sorte que l'épée tombera aux pieds en *porta di ferro larga*[22]. Et pour les pieds, le gauche suivra le droit. Là, tu mèneras ton pied droit un peu vers son côté gauche et tu feras ensuite *falso* et *roverso* dans le même temps avec un grand pas du pied gauche de sorte que le pied droit suive le gauche et que l'épée se trouve en *coda longa e alta*. Tu passeras ensuite avec le pied gauche un peu vers ton côté droit et tu avanceras avec le droit d'un grand pas devant et dans ce même temps tu feras *falso* et *mandritto*. L'épée tombera alors en *porta di ferro larga* et le pied gauche suivra le droit. Là, en passant du droit un peu vers ton côté gauche et ensuite du gauche devant dans un grand pas, tu feras *falso* et *roverso*. Et le pied droit suivra le gauche par-derrière et l'épée se trouvera en *coda longa e alta*. Tu seras ainsi allé au jeu.

Voulant combattre ton ennemi étant maintenant proche, tu pousseras une *stoccata* avec le pied gauche devant. Là, tu ramèneras ce pied gauche auprès du droit en laissant aller l'épée s'étendre en

---

[22] *el piede & il piede* : nous avons ici une répétition certainement par erreur du terme 'pied', il est peut probable que *el piede* soit en lien avec le *larga* de la garde, de plus on retrouve la même structure de phrase plus tard dans le paragraphe

arrière. Tu marcheras aussitôt avec le pied droit devant en faisant semblant de lui donner un *mandritto* à la tête. Quand il lèvera la rondache par peur de ce coup, tu choisiras de faire une de ces deux actions. Soit tu lui atteindras la jambe d'un *roverso*. Soit en passant avec le pied gauche devant, tu lui chasseras une *stoccata* au flanc et tu t'élèveras d'un saut vers l'arrière. Et pour la défense de ce *roverso* ci-dessus, tu fuiras avec le pied droit derrière en tirant un *falso* sous ta rondache, et comme cela tu te garderas de la riposte adverse. Tu écarteras ensuite le bras d'épée en retournant en *coda longa*.

Là, tu mèneras le pied gauche vers son côté gauche, tu tireras ensuite avec le pied droit *falso* et *mandritto* à la main d'épée pour finalement arriver en *porta di ferro larga*, avec la jambe gauche suivant la droite. Tu marcheras ensuite avec le pied droit vers son côté droit puis avec le gauche devant dans un grand pas. Dans ce temps, tu feras *falso* et *roverso* à son bras d'épée de sorte que le pied droit suive le gauche. Ensuite, en retirant aussitôt le pied gauche auprès du droit, tu pousseras une *punta* à la face de l'ennemi avec le pied droit devant. Là, tu feras semblant de lui donner un *roverso* mais tu lui atteindras la jambe avant avec un *mandritto* et tu feras que ton épée tombe en *porta di ferra larga* et que ta rondache garde bien ta tête. Tu mèneras ensuite le pied gauche vers son côté[23], et dans ce pas tu te défendras du coup de l'ennemi en lui tirant un *roverso* à la cuisse, et ton pied droit devra suivre le gauche.

Pour te couvrir, tu tireras ensuite rapidement une *stoccata* au flanc en t'élevant en arrière avec un saut. Tu passeras avec le pied droit d'un grand pas devant et dans ce temps tu lui pousseras une *punta* à la face accompagnée d'un *roverso* à la cuisse. Cela fait, tu mèneras le pied gauche vers son côté droit en chassant le *falso* de l'épée sous ta rondache. Tu te seras ainsi défendu du *mandritto* que l'ennemi peut te tirer en lui donnant un *roverso* à travers la cuisse avant. Tu fuiras ensuite avec le pied gauche derrière en allant avec l'épée en *guardia di faccia* et par cet aller tu te seras préservé des coups adverses.

---

23 Le côté semble avoir été oublié ici dans le texte original. Il s'agit probablement du droit.

Tu passeras ensuite avec ton pied gauche vers son côté droit en lui tirant un *roverso* à la façon d'un *fendente*, et la jambe droite suivra la gauche par-derrière. Là, tu marcheras avec le pied gauche vers son côté gauche, et de même avec le droit en lui poussant une *punta* dans la face et en lui tirant un *mandritto* à la jambe qui tombera en *porta di ferro larga* de sorte que le pied gauche suive le droit par derrière. Puis tu passeras avec le pied droit vers son côté droit et ensuite devant avec le gauche en faisant ensemble *falso* et *roverso* de sorte que l'épée tombe bien derrière en *coda longa e distesa*. Tu tireras ensuite la jambe droite auprès de la gauche et tu passeras rapidement avec le pied gauche devant en levant la rondache vers le haut et lui frappant la face avec un *falso*. Puis tu fuiras avec le pied gauche derrière en lui tirant un *roverso* à la face. Te retirant de même avec le droit, tu lui pousseras une *punta* sous la rondache qui va en *guardia di faccia*, puis tu écarteras le bras d'épée pour t'arranger en *coda longa e alta*.

Si l'ennemi tire vers toi un coup quelconque, tu lui donneras un *falso* dans la main d'épée par-dessous ta rondache et tu retourneras aussitôt dans ta garde. Là, tu chasseras une *stoccata* avec le pied gauche devant, et le retirant derrière le droit, l'épée ira s'étendre à l'arrière. Et aussitôt, tu marcheras avec le pied droit devant en lui frappant la tête d'un *fendente* qui tombera en *porta di ferro larga*. Tu tireras ensuite le pied droit auprès du gauche et quand il voudra te toucher d'un coup quelconque, tu te défendras de celui-ci avec le *falso* en passant avec le pied droit devant, lui frappant la tête ou la jambe avant d'un *roverso*. Pour te couvrir, tu fuiras avec le pied droit en arrière en poussant une *punta* qui va en *guardia di faccia* sous ta rondache. Là, tu te défendras de son coup, t'arrangeant ensuite dans la garde de *coda longa e alta*.

Tu lui pousseras ensuite une *punta* à la face avec le pied droit devant, mais quand tu voudras la faire, il faudra que l'ennemi se trouve avec le pied droit devant. Là, en passant avec le gauche vers son côté droit, tu lui tireras un *mandritto* à la jambe en faisant que ta rondache garde bien ta tête, et avec le pied droit suivant le gauche. Tu pousseras ensuite une *stoccata* à la face en t'élevant d'un saut en arrière et ainsi tu t'arrangeras dans cette garde.

Si par aventure il te tire un *mandritto* ou un *fendente* à la tête, tu marcheras avec le pied droit vers son côté droit en lui chassant une *punta* dans la face par-dessous ta rondache, laquelle *punta* ira jusqu'en *guardia di faccia*. De cette façon tu te seras fait petit sous ton épée tout en ayant frappé le coup adverse avec. Tu passeras ensuite aussitôt avec le pied gauche vers son côté droit en lui offensant la jambe avant d'un *roverso* de sorte que ton pied droit suive le gauche. Pour te couvrir, tu lui pousseras une *stoccata* dans la face en t'élevant d'un saut en arrière. Au final tu t'arrangeras en *coda longa e alta*.

S'il veut t'atteindre la jambe d'un *mandritto*, en marchant avec le pied droit devant, tu lui chasseras le *falso* de l'épée par-dessous ta rondache et ainsi tu te seras protégé de son coup, puis tu le frapperas en réponse d'un *roverso* à la jambe avant. Ensuite, pour te couvrir tu fuiras avec le pied droit derrière en poussant une *punta* sous ta rondache qui va en *guardia di faccia*. De même en retirant le gauche, tu lui donneras un *mandritto* à la façon d'un *fendente* qui tombera en *porta di ferro stretta*. Là, tu chasseras une *punta* avec le pied gauche devant. Tu passeras ensuite avec le pied droit vers son côté gauche, l'attaquant à la tête ou la jambe avec un *mandritto* qui va en *porta di ferro stretta*, le pied gauche suivant le droit. Tu ramèneras ensuite le pied droit en arrière t'arrangeant bien en *coda longa e alta*.

Quand il voudra t'atteindre la tête d'un *mandritto*, tu frapperas celui-ci de la rondache en faisant une demi-volte de la personne sans bouger les pieds. Tu lui donneras ensuite à son bras d'épée un *mezzo mandritto* qui tombera en *cinghiara porta di ferro*. Tu marcheras aussitôt avec le pied droit devant en lui tirant de bas en haut un *falso* à la main d'épée accompagné d'un *roverso* à la cuisse. L'épée tombera en *coda longa e stretta* avec le pied droit devant.

Dans cette garde, il ne peut pas se faire de coup que ne soit pas efficace, et pour cela, elle est jugée la meilleure.

Ayant fini le combat et voulant retourner avec grâce comme à l'usage, tu ramèneras en premier le pied droit en arrière en faisant *falso* et *mandritto* de sorte que l'épée tombe en *cinghiara porta di ferro*. Là, en ramenant de même le gauche, tu feras *falso* et *roverso* tombant en *coda longa e stretta*. Tu marcheras bien avec le pied droit en arrière en donnant *falso* et *mandritto* de sorte que l'épée tombe en *cinghiara porta di ferro*. Et au final, en ramenant le pied gauche auprès du droit, tu écarteras le bras d'épée et t'arrangeras *en coda longa e alta*, te retrouvant à l'endroit d'où tu es parti.

LIVRE SIX

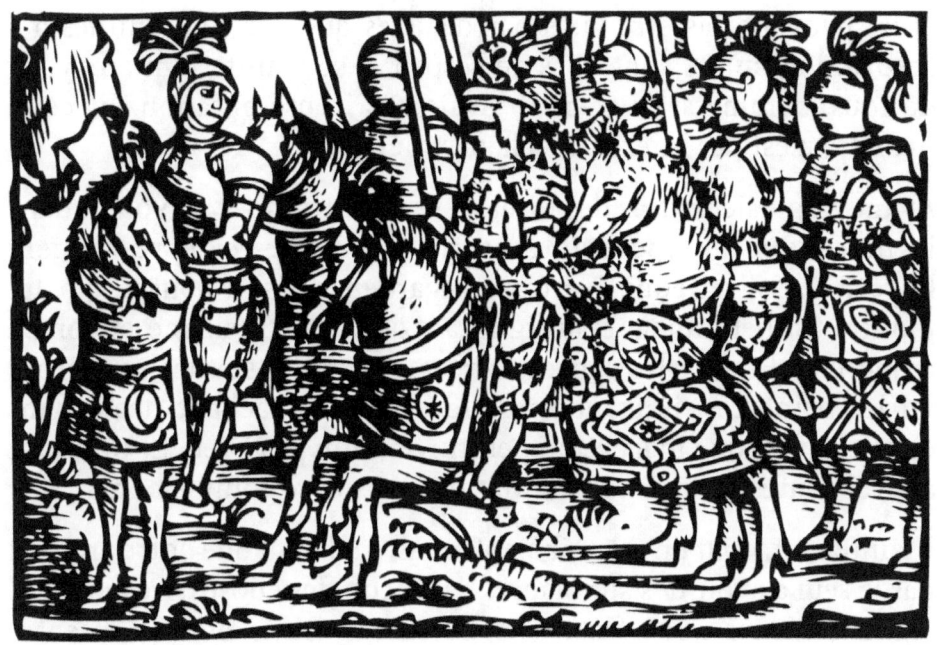

Ici je désire montrer que ceux qui disent que le bon art du combat n'est pas appris par la pratique avec des épées non tranchantes ou émoussées se trompent.

Pour commencer, je leur demande si l'on apprend avec sa tête ou avec ses pieds. Ceux-ci sont bien forcés de répondre que l'intellect est celui qui apprend. Et je pose une autre question, est-ce que l'intellect saisit la réalité de ces même choses mises devant nous ou alors juste leurs similitudes ?

En réalité, il n'y aura personne assez folle pour clamer que mes élèves ont appris le même art qui sied en moi, mais plutôt un qui est similaire. Le pèlerin retournant à Rome ne porte pas dans son esprit Rome à proprement parler (dont les murs ne rentreraient pas dans sa tête) mais bien son image. Par exemple, il pourra voir pour son plaisir dans ses pensées Rome tel qu'il y serait, bien qu'il soit à Bologne.

En conséquence, les similarités sont si proches de la réalité et des choses qu'elles représentent, qu'en les connaissant, on connait de même les choses semblables. Et celles-ci sont de deux types. Certaines entrent seulement dans l'esprit, comme celles décrites, et ne peuvent pas être vues par d'autres que par celui qui les a à l'esprit. Les autres sont hors de l'esprit et se manifestent aux yeux de tous, comme si ceux-ci en avaient la représentation. Et cette manière n'est pas inférieure à la première.

Ayant vu plusieurs fois des oiseaux se faire tromper en volant dans les murs sur les grappes peintes estimant que celles-ci représentaient le réel. Aussi le jeune Narcisse regardait dans la source qui lui montrait sa belle image et lui, ignorant que c'était la sienne, en tomba amoureux. Et dans les églises sacrées, devant les statues de marbre ou les peintures, nous adorons le vrai Dieu sachant néanmoins que cela n'est que marbre ou peinture et non pas Dieu. Et pourtant adorer toutes ces représentations est considéré comme bon.

Maintenant, pour en revenir à notre cas, il advient que notre art n'est pas le seul à avoir des simulacres à la façon des choses précédentes. Ainsi les épées non affûtées et les autres armes non offensantes représentent les armes réelles.

Également, les serveurs de mets (si parfaits soient-ils), avant de tailler la véritable viande, entraînent leurs couteaux virevoltants avec des racines ou des plantes. Beaucoup se sont servi de jouets d'agneau fabriqués en bois, et les découpes réalisées sur ceux-ci sont reproduites sur la vraie viande.

Je désire donc que les ignorants cessent de gloser sur ce qu'ils ne connaissent point. Parce que celui qui frappe de l'épée non affûtée, frappera aussi bien de la tranchante. Il ne serait pas bon que les nouveaux élèves afin qu'ils apprennent à se défendre, s'entraînent avec des armes tranchantes ou avec de tels instruments capables de blesser par leurs percussions.

Et ayant déjà suffisamment traité des combats avec les petites armes, dans ce sixième livre je composerai l'art des armes d'hast qui est tout aussi élégant et utile que les précédents. Celui-ci comprendra d'abord deux jeux de la rondache et pertuisane, ensuite la pertuisane seule, troisièmement le combat à l'épieu, et enfin le jeu de la roncone et de la lance.

Jeux à la rondache et pertuisane contre les mêmes armes

Tu t'arrangeras en premier avec la rondache et la pertuisane en main afin de tirer contre ton ennemi qui est de la même façon avec les mêmes armes.

Si par aventure il veut te chasser un coup de pertuisane[24] dans la jambe gauche en la tenant en main[25], tu passeras avec le pied droit vers son côté gauche en tournant le fer de ta pertuisane vers le sol et tu étendras fortement le bras devant vers son côté droit. Tu te défendras ainsi de son coup avec la jambe gauche suivant la droite. Là, tu lui donneras une *punta roversa* dans la poitrine. Pour te couvrir tu feras à présent un saut en arrière en faisant une demi-volte avec la pertuisane par-dessus la tête et arrivant dans le même arrangement qu'au début.

Mais si tu veux être celui qui tire ce coup de pertuisane que j'ai décrit ci-dessus et que l'ennemi veuille s'en défendre de la même façon que tu as apprise, alors quand il passera avec le pied droit afin de se défendre, tu sauteras aussitôt en arrière et tu t'arrangeras avec le pied gauche devant de la même façon qu'avant.

Tu peux également t'approcher de l'ennemi et faire semblant de lui pousser un estoc au visage. Comme par peur de celui-ci, il élèvera sa rondache, tu changeras[26] aussitôt la pertuisane pour lui donner un estoc au corps. Et en faisant un saut en arrière, tu retourneras avec la pertuisane par-dessus la main dans ladite forme bien proprement.

---

24   *partigianata* : il s'agit ici d'un mot composé à partir de *partegiana*, pertuisane, pour désigner une frappe avec celle-ci, certainement une frappe d'estoc vu que Manciolino nous dit un peu plus loin que les armes d'hast ne peuvent frapper que comme cela.
25   *manescamente* : en opposition au fait de lancer la pertuisane
26   *cangiare* : passer d'une prise de la pertuisane par-dessus la main à une prise sous la main comme cela est aussi décrit par Marozzo avec le terme *cambiata*, Livre 4, Chapitre 179

Si vous voulez vous lancer les pertuisanes l'un contre l'autre et que l'ennemi commence, tu passeras avec le pied droit de travers vers ta droite en poussant également ton bras armé de la pertuisane à l'extérieur de sorte que le fer regarde vers le sol, et le pied gauche suivra le droit par-derrière. Cela fait, tu seras sauf de ce lancer.

S'il te lance une autre pertuisane, tu retourneras avec le pied gauche de travers vers ton côté gauche et tu pousseras le bras de la pertuisane bien à l'extérieur vers ton côté droit de sorte que le pied droit suive le gauche et que le fer regarde vers le sol. Tu te seras ainsi défendu de cette autre pertuisane et tu seras retourné dans cet arrangement pour attaquer.

Un autre jeu des mêmes armes

À la suite se trouve un autre jeu de la pertuisane avec la rondache. Et bien qu'il soit moins beau que le précédent, il est néanmoins utile.

Au début de celui-ci, tu prendras le talon de la pertuisane avec la main droite et l'autre côté de celle-ci avec la gauche, en ayant également la rondache attachée de sorte que les métacarpes[27] des deux mains regardent vers le haut et que ta pertuisane soit arrangée un peu vers son côté droit, avec le pied gauche devant mais pas dans un grand pas. Tu attendras là que l'ennemi t'attaque. Si à l'occasion il te tire un coup de pertuisane à la jambe, tu frapperas celui-ci avec ta pertuisane à l'extérieur vers son côté gauche, de sorte que la main droite soit un peu plus haute que d'habitude afin de mieux te défendre. Et tu lui tireras aussitôt un coup de pertuisane dans la jambe et tu reviendras dans cette position pour tirer.

Si à l'occasion il te pousse un coup de pertuisane à la face, tu abaisseras la main droite vers le sol de sorte que le fer regarde vers le ciel, et ainsi tu te seras défendu. Là, tu lui chasseras un estoc de la pertuisane dans la face ou dans la jambe, comme tu veux, revenant ensuite dans la position habituelle.

27   *Nodi* : les nœuds de la main souvent traduit en poignet, mais en opposition au *polso*, le poignet du côté du pouls. J'ai ici choisi de traduire par métacarpes afin de mieux visualiser de quel côté du poignet il s'agit.

Jeu de la pertuisane seule

Premièrement, tu prendras la pertuisane en main de sorte que la main gauche soit devant et avec le pied gauche dans un grand pas devant. Les métacarpes de tes deux mains seront tournées vers le haut, avec la pertuisane un peu de travers vers ton côté gauche. Si l'ennemi se met dans le même arrangement, ou dans celui qu'il veut, chacun de vous pourra être le premier à frapper.

Quand l'ennemi sera le premier à frapper plaçant un estoc à la jambe, tu frapperas celui-ci de ta pertuisane en le poussant beaucoup à l'extérieur vers son côté gauche. Et tu feras en sorte que ta main droite soit en haut avec la pointe de la pertuisane légèrement vers le sol. Ainsi tu seras sauf. Tu lui tireras ensuite rapidement un coup de pertuisane au flanc ou à la jambe, comme tu veux, et tu feras un saut en arrière en t'arrangeant comme ci-dessus.

Si l'ennemi te pousse un estoc ou un coup de taille à la face, pour ces deux frappes tu abaisseras la main droite vers le sol de sorte que le fer de la pertuisane soit dirigé vers la face de l'ennemi tout en te défendant de son coup. Là, tu lui tireras aussitôt un coup de pertuisane au flanc.

S'il veut lancer la sienne à ta jambe, tu te couvriras de celle-ci comme cela te fut enseigné dans le précédent jeu. S'il lance celle-ci en haut, tu prendras ta pertuisane avec la main gauche auprès du fer en faisant que les métacarpes de cette main regardent vers le haut. Tu marcheras ensuite avec le pied droit vers son côté gauche en te couvrant de sa pertuisane avec le talon de la tienne. Et la jambe gauche suivra la droite par-derrière.

S'il a deux pertuisanes et qu'il veut te lancer la seconde de la même manière, tu passeras avec le pied gauche de travers vers ton côté gauche en faisant une volte de la pertuisane de sorte que le fer regarde vers le sol et que la main gauche soit en dessous de la droite. Et la jambe droite suivra la gauche en t'arrangeant dans la façon ci-dessus pour lancer.

Combat à épieu contre épieu

Tu t'arrangeras avec le pied gauche devant en ayant l'épieu en main, les bras bien tendus à l'extérieur de la personne, avec la main gauche basse et la droite un peu haute derrière, le fer sera vers le sol de sorte que tu te défendras des coups ennemis. Comprends bien que toutes les armes d'hast frappent d'estoc et ainsi nous procéderons rapidement.

Je dis donc que si l'ennemi s'arrange comme toi ci-dessus et qu'il veut te tirer un coup d'épieu[28] en haut ou en bas, alors tu frapperas celui-ci avec ton épieu à l'extérieur vers ton côté gauche et ainsi tu seras sauf. Tu lui tireras en riposte un coup d'épieu au flanc en avançant dans ce temps un peu avec le pied gauche devant.

Si tu te sens plus puissant que lui, tu tenteras d'enfourcher les ailes de son épieu avec les tiennes. Puis sans jamais l'abandonner, tu le forceras à tourner fortement à l'extérieur vers ton côté gauche et ainsi tu pourras lui donner un estoc au flanc.

S'il change de garde et qu'il vient avec le pied droit devant, tu changeras comme lui.

Cette même frappe peut être réalisée avec un *quadrello* ou un *spontone*, comme vous le souhaitez, excepté que par l'absence des ailes vous ne pouvez pas enfourcher comme avec l'épieu.

Combat à roncone contre roncone

Tu marcheras à l'encontre de ton ennemi avec le pied droit devant et tu prendras la roncone à son talon avec la main gauche, la main droite devra donc être devant. Dans cet arrangement, tu te tourneras vers l'ennemi et tu feras en sorte que la corne de la roncone regarde vers le sol. En avançant un peu avec le pied droit devant, tu lui pousseras un estoc dans la face, tirant de semblable façon avec celle-ci un taillant[29] de la corne au bras. Tirant un nouvel estoc à la poitrine, tu feras un saut en arrière à pieds joints. Là, tu t'arrangeras

---

28 *Spiedata* : idem que pour *partegianata* mais appliqué ici à l'épieu
29 *Stratiare* : semblable à *stratagliare*, mouvement de taille ou d'entaille

dans une autre garde, c'est-à-dire avec le pied gauche devant et avec la roncone en l'air comme pour lui donner un *mandritto* à la tête. Tu iras ainsi contre lui.

S'il te tire un *mandritto* à la tête, tu marcheras aussitôt avec le pied droit devant vers son côté gauche en lui tirant de même un *mandritto* dans sa roncone de sorte que tu la projetteras au sol. Tu lui tireras aussitôt un estoc au flanc en faisant ensuite un saut en arrière. Là, tu retourneras dans cette garde avec le pied gauche devant comme pour lui donner un *mandritto* à la tête

Également, s'il t'attaque à la jambe d'un *mandritto* ou d'un estoc, tu marcheras aussitôt avec le pied droit devant contrariant ses coups avec un *falso* de bas en haut de ta roncone. Tu lui pousseras par la suite un estoc au flanc.

S'il te tire un estoc à la face, tu feras ce même pas et tu percuteras bien sa roncone avec un *mandritto*, lui chassant ensuite un estoc dans la poitrine.

Combat avec la lance en main en un contre un

En premier, tu prendras ta lance avec la main droite et le pied droit devant dans un grand pas, te plaçant ainsi pour que l'ennemi s'arrange comme toi et qu'il soit le premier à attaquer. Pendant qu'il aura le pied gauche devant, il prendra sa lance en main afin de la tirer vers toi. Tu feras de même en riposte mais tu ne bougeras pas la pointe de la lance du sol. Pendant qu'il poussera[30] le premier coup de lance[31], tu le frapperas avec ta lance de travers vers ton côté gauche, de sorte que tu sois libre pour aller le frapper. Là, tu passeras aussitôt avec le pied droit puis avec le gauche en lui tirant un coup de lance au flanc.

Si tu veux être le premier à attaquer, tu marcheras avec le pied droit devant en lui poussant un coup de lance afin qu'il fasse cette frappe

---

30   *mentre gli spignerai* : pendant que tu pousseras, mais comme Manciolino nous dit juste avant qu'il veut que l'on soit patient et qu'il nous donne la défense juste après, il s'agit certainement d'une erreur
31   *lanciata* : idem que pour *partegianata* mais appliqué ici à la lance

que tu as faite. Quand il frappera, en tirant aussitôt ta lance de travers, tu la laisseras aller hors de tes mains et tomber par-dessus la sienne vers son côté droit. Tu passeras ensuite dans ce temps vers le talon de sa lance et tu chasseras ta main à l'épée ou au poignard que tu auras au côté. Arrivant à lui par surprise, tu le frapperas comme il te plaît.

Si à l'occasion il te frappe de cette façon, tu tireras un bon coup ta lance avec ta main droite vers l'arrière, laissant courir ta main gauche jusqu'au fer. De cette façon, il ne pourra pas t'offenser, ni avec l'épée, ni avec le poignard. Il pourrait aussi faire de même mais comme peu de ces choses sont comprises, vous serez toujours avantagés.

Te retrouvant également avec le pied gauche devant contre l'ennemi, tu marcheras avec le pied droit devant en lui tirant un coup de lance à la poitrine avec une riposte de revers.

Si l'ennemi fait en sorte qu'il te tire ce coup de lance, tu feras semblant de fuir de quatre ou cinq pas en arrière en tirant en arrière ta lance avec la main droite. Dans ce déplacement, tu te jetteras de travers vers ton côté droit, et là tu prendras la lance en main. En t'arrangeant contre lui, tu lui pousseras un coup de lance au flanc parce que tu le trouveras en disgrâce.

Si l'ennemi fait ce que je t'ai enseigné ci-dessus, tu prendras ta lance en main et tu le suivras ensuite pendant qu'il fuira. Quand il voudra se jeter de travers, tu lui donneras un coup de lance avant qu'il ne s'arrange pour prendre sa lance.

Également, quand tu auras la lance en main, tu pourras faire semblant de lui tirer un coup de lance. Par peur de celui-ci, il fuira avec le pied gauche en arrière afin de se couvrir. Tu passeras alors de quatre ou cinq pas de travers vers son côté gauche, le trouvant ainsi en disgrâce, tu lui chasseras un coup de lance au flanc.

Tu pourras également passer vers son côté droit et faire ce même coup qui est singulier et utile en combat en un contre un.

Le contre à cela est que pendant que tu le verras avancer, tu retireras le pied droit en arrière prenant ta lance avec la main gauche, parce que tu ne pourras pas être offensé si tu es bien positionné pour frapper comme lui.

Tu peux également lui tirer un coup de lance avec le pied droit devant, en abandonnant la main gauche de la lance et en poussant le bras droit vers ton côté gauche de sorte que ton flanc droit soit directement tourné vers l'ennemi et que la pointe de la lance se trouve vers son côté gauche. Tu attendras là qu'il t'attaque. Quand il t'attaquera d'un coup de lance au flanc, tu passeras avec le pied gauche devant en poussant beaucoup ta main droite à l'extérieur vers ton côté droit. Tu te seras ainsi défendu de cela. Et aussitôt tu prendras la lance avec la main gauche et tu passeras avec le pied droit devant en le frappant à la poitrine d'un coup de lance.

Le contre se fait ainsi : pendant qu'il avancera pour se défendre, tu feras semblant de tirer. Parce que s'il vient en avant pour faire ce que tu as fait, il se trouvera tout découvert grâce à la feinte que tu as faite. Tu pourras ainsi le frapper d'un coup de lance à ta guise.

Si tu veux également te placer à l'extérieur de l'ennemi pour t'avantager, quand tu le verras avec le pied gauche devant, tu changeras les mains tenant la lance de sorte que la droite soit devant la gauche. Tu iras ainsi avec le pied droit devant. Ou bien, si tu as la lance avec la main droite devant, tu changeras de main pour prendre l'extérieur de ton ennemi. Quand tu le verras avec le pied droit devant, tu sauras que l'ennemi est posté à l'extérieur. Tu feras ce changement de mains quand vous serez tous les deux à l'intérieur afin de te mettre à l'extérieur de l'ennemi de sorte qu'il ne puisse pas te nuire.

Si tu as la lance et que tu es assailli par quelqu'un qui a une pertuisane, une roncone, un épieu, ou une autre arme, tu prendras la lance au milieu et tu te contenteras d'avoir comme avantage de la lance un bras de plus sur la longueur de l'arme ennemie, ainsi tu resteras en sécurité. Car si tu combats de toute ta lance contre une arme courte, il pourra plus facilement la frapper et te surpasser par la suite. Et je répète un fait que j'ai dit ci-dessus (ce qui mettra fin au livre), c'est que toutes les armes d'hast ont une attaque propre et celle-ci est l'estoc.

J'ai fini les chapitres ou les règles générales sur le valeureux et belliqueux art de l'escrime.

Imprimé à Venise par Nicolo d'Aristotile dit Zoppino.

1531.

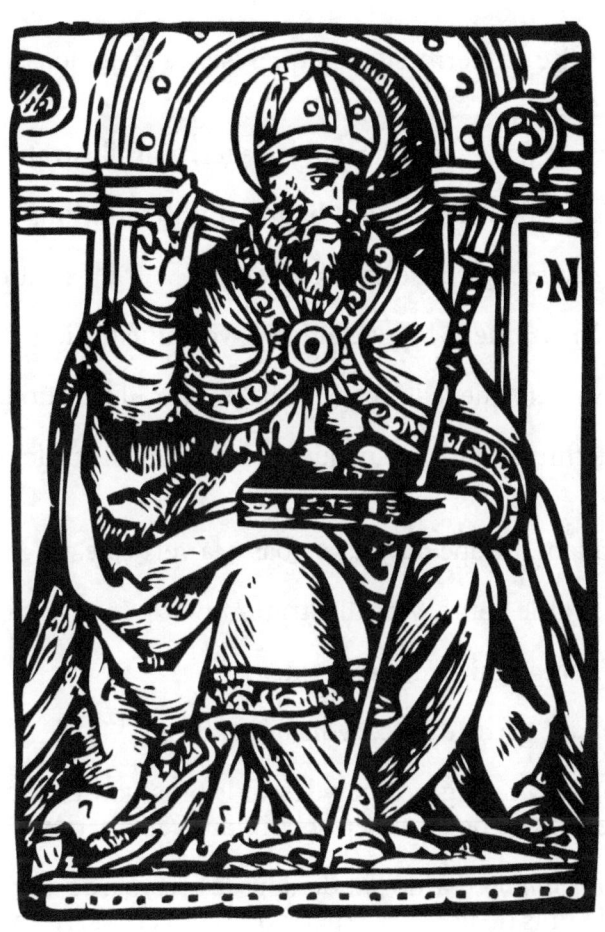

GLOSSAIRE

Voici un glossaire des termes techniques laissés en italiens dans la traduction.

Cinghiara porta di ferro : sanglier porte de fer, voir illustration.

Coda longa e alta : queue longue et haute, voir illustration.

Coda longa e distesa : queue longue et étendue, voir illustration.

Coda longa e larga : queue longue et large, voir illustration.

Coda longa e stretta : queue longue et serrée, voir illustration.

Falso : faux, défini une frappe du faux tranchant ainsi que le faux tranchant de l'épée.

Fendente : fendant, frappe de haut en bas à la verticale.

Guardia alta : garde haute, voir illustration.

Guardia di alicorno : garde de la licorne.

Guardia di faccia : garde de face, voir illustration.

Guardia di sopra braccio : garde par-dessus le bras, garde avec le bras d'épée par-dessus le bras de bocle et l'épée pointant vers l'arrière.

Guardia di sotto braccio : garde par dessous le bras, garde avec le bras d'épée par dessous le bras de bocle et l'épée pointant vers l'arrière.

Guardia di testa : garde de tête, voir illustration.

Mandritto: maindroit, frappe de la droite vers la gauche.

Mezzo : demi, frappe s'arrêtant avec la pointe de l'épée vers l'adversaire. Dans le cas d'un estoc, *mezza punta,* cette action n'est jamais définie, mais il peut s'agir soit d'un estoc à moitié poussé, soit d'un estoc venant à la mi-épée (*mezza spada*) et donc au contact de la lame adverse.

Molinello : moulinet, frappe armée du poignet par notre côté extérieur.

OPERA NOVA

Montante : montant, frappe du faux tranchant de bas en haut à la verticale.

Porta di ferro alta : porte de fer haute.

Porta di ferro larga : porte de fer large.

Porta di ferro stretta : porte de fer serrée, voir illustration.

Punta/Stoccata : pointe, frappe d'estoc.

Punta/Stocca roversa : pointe renversée, estoc avec la main à notre côté gauche, la paume de la main regardant vers le haut.

Punta/Stoccata sopra mano : pointe par-dessus la main, estoc avec la main en haut à droite, la paume de la main regardant notre droite. Aussi nommé *Imbroccata* chez d'autres auteurs.

Redoppio : redouble, frappe diagonale de bas en haut.

Roverso : revers, frappe de la gauche vers la droite.

Segato : entaillant, sciant.

Squalembrato : oblique, frappe diagonale de haut en bas.

Spinto : poussé.

Tramazzone : estramaçon, frappe armée du poignet par le côté intérieur.

Traversato : traversant.

Trivellata : vissé, se dit pour les estocs ou les frappes qui se font avec une demi-volte de la main qui donne cet effet de «vissé»

LES GARDES

Manciolino ne nous donne qu'une description écrite des gardes, celles-ci étant néanmoins très proches de celles de Marozzo, j'inclue ici comme guide les illustrations des gardes issues du second livre de l'*Opera Nova* d'Achille Marozzo paru en 1536. Celles-ci ont été classées par famille, les gardes hautes puis les gardes basses, et regroupées enfin suivant leur type.

ANTONIO MANCIOLINO
GUARDIA ALTA

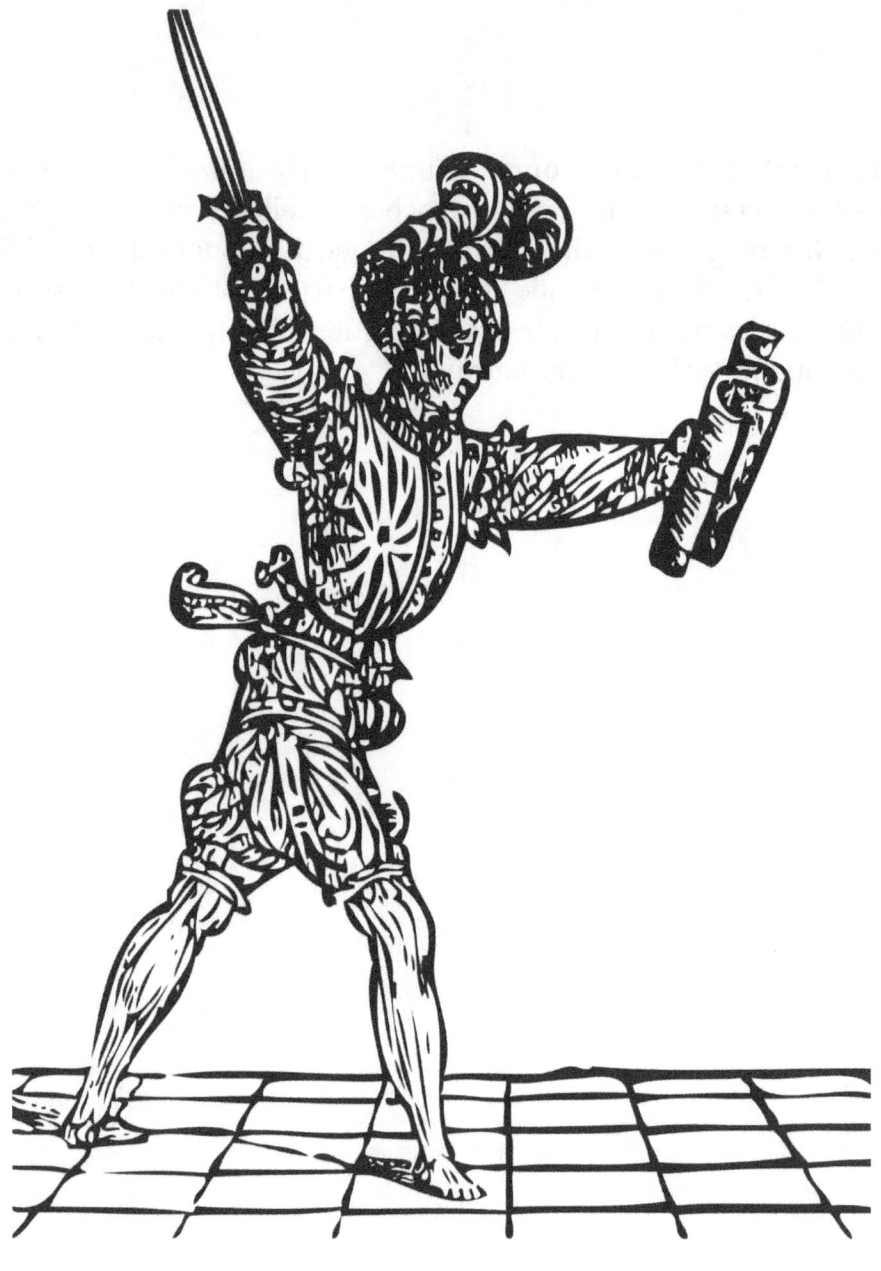

OPERA NOVA

GUARDIA DI TESTA

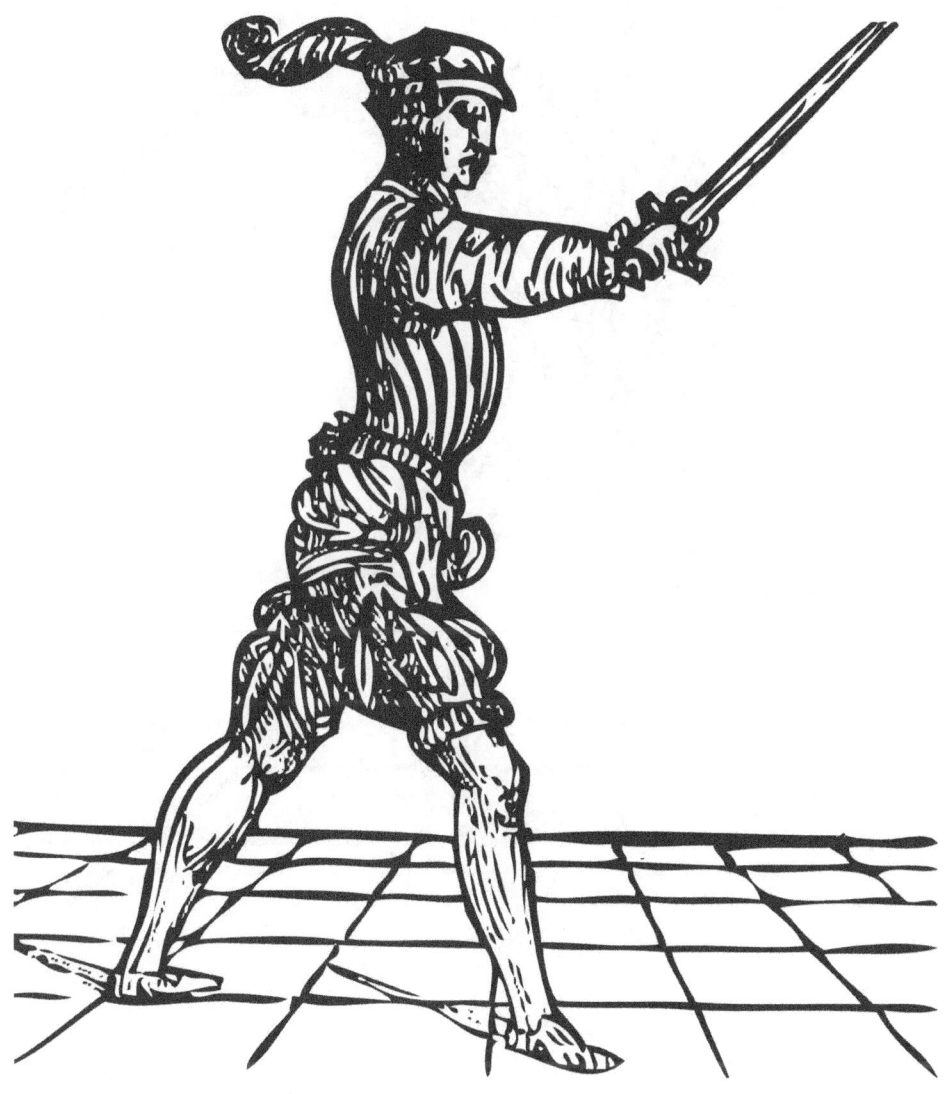

ANTONIO MANCIOLINO
GUARDIA DI BECA CESA

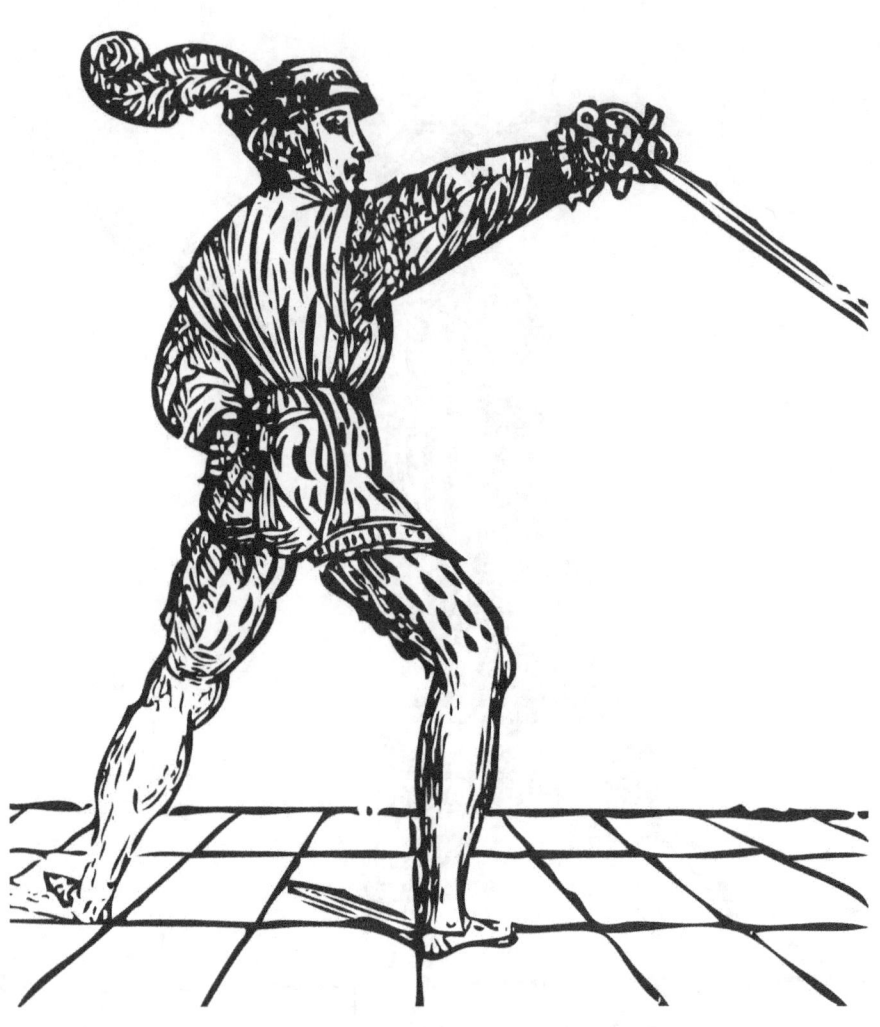

GUARDIA DI BECA POSSA

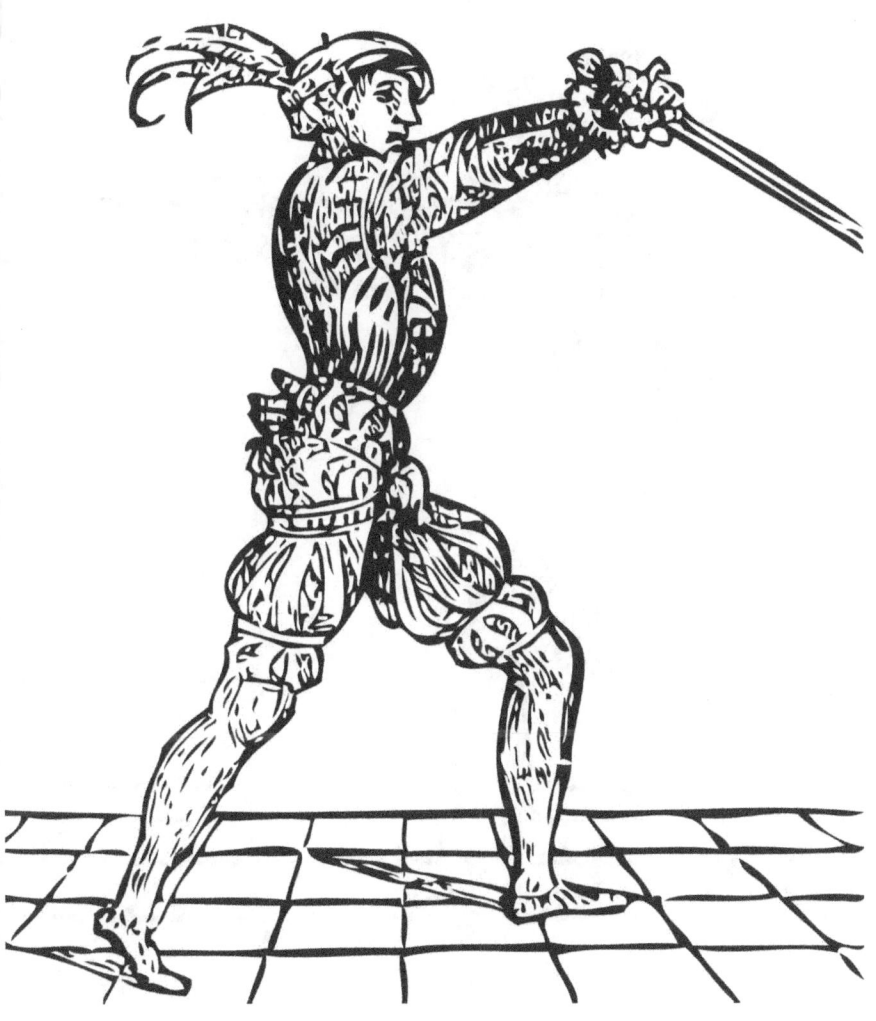

ANTONIO MANCIOLINO

GUARDIA D'INTRARE

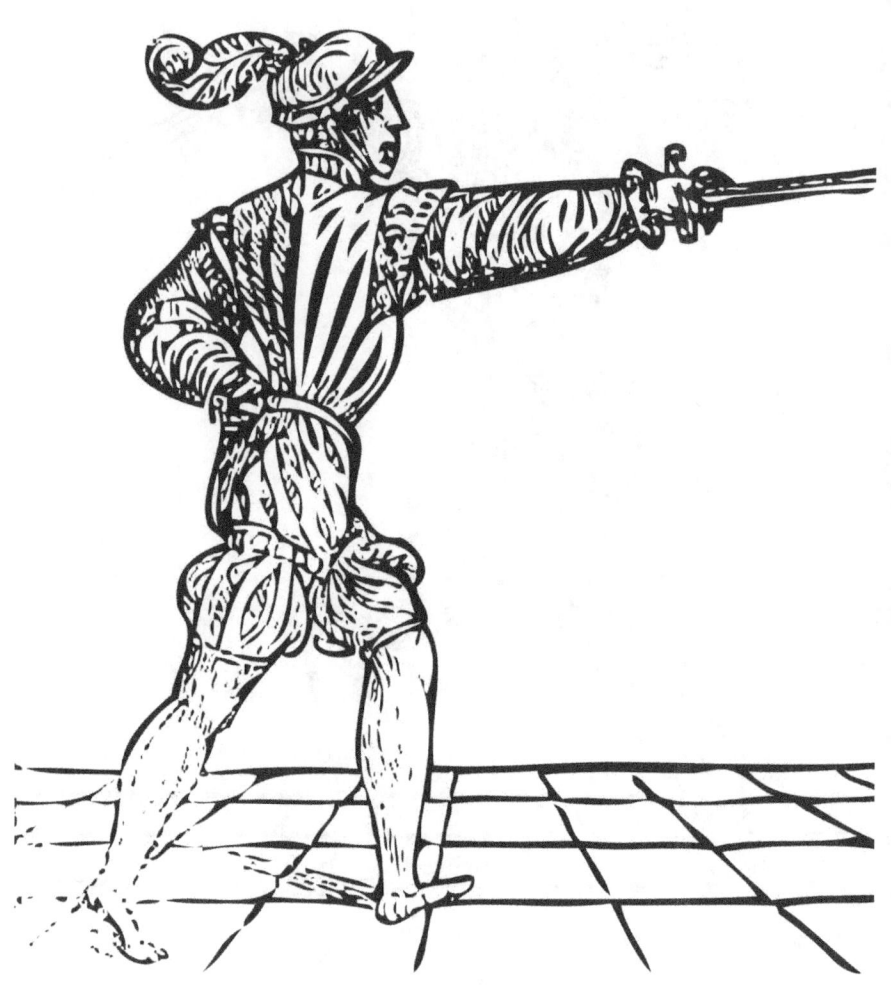

GUARDIA DI FACCIA

OPERA NOVA

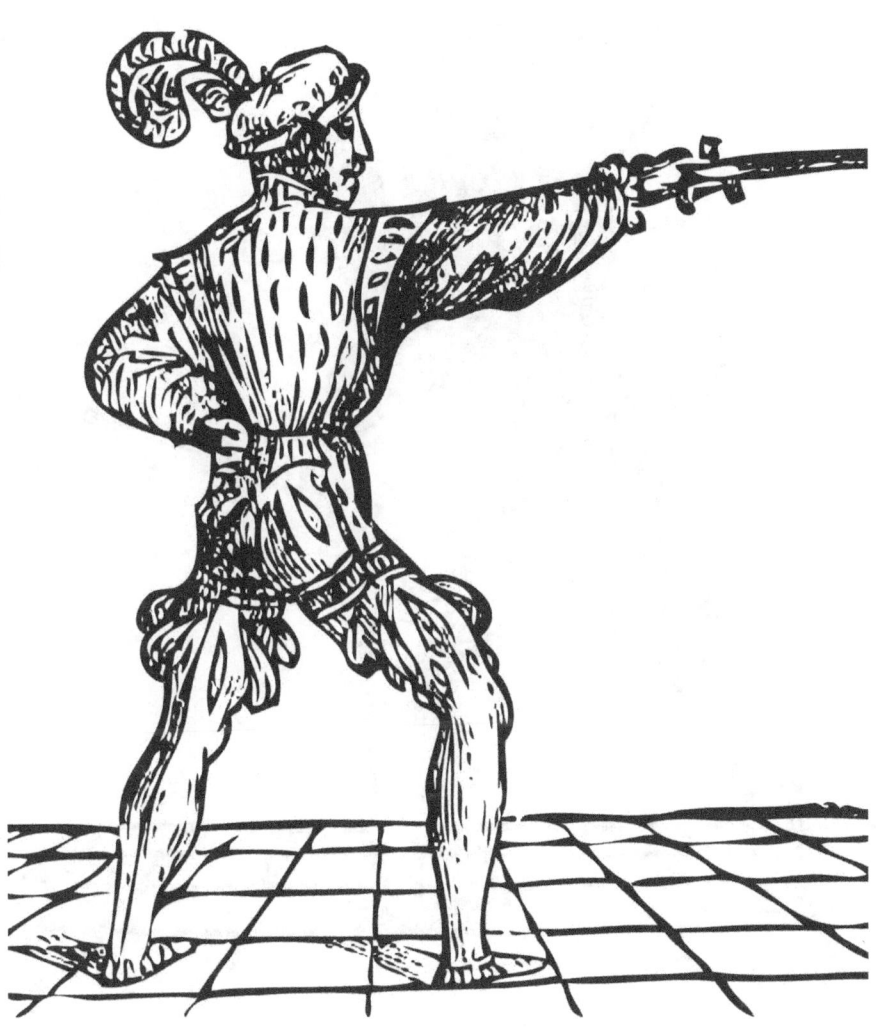

ANTONIO MANCIOLINO

PORTA DI FERRO

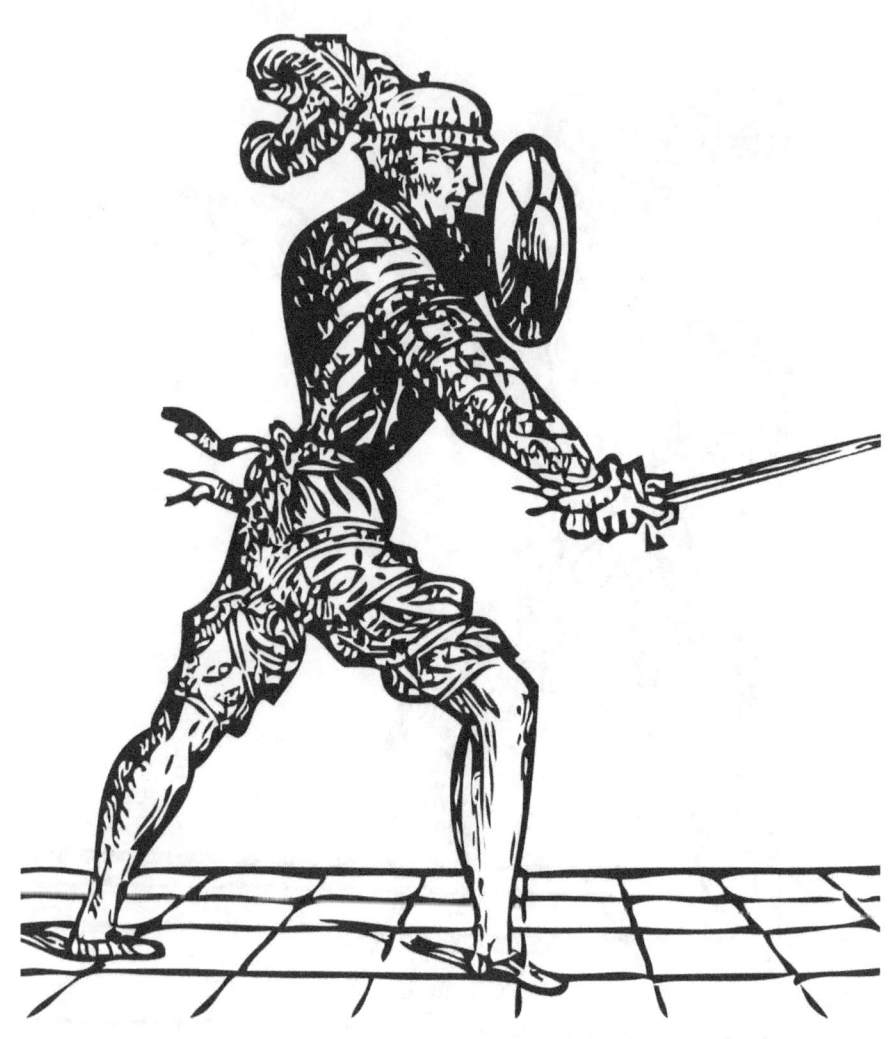

CINGHIARA PORTA DI FERRO

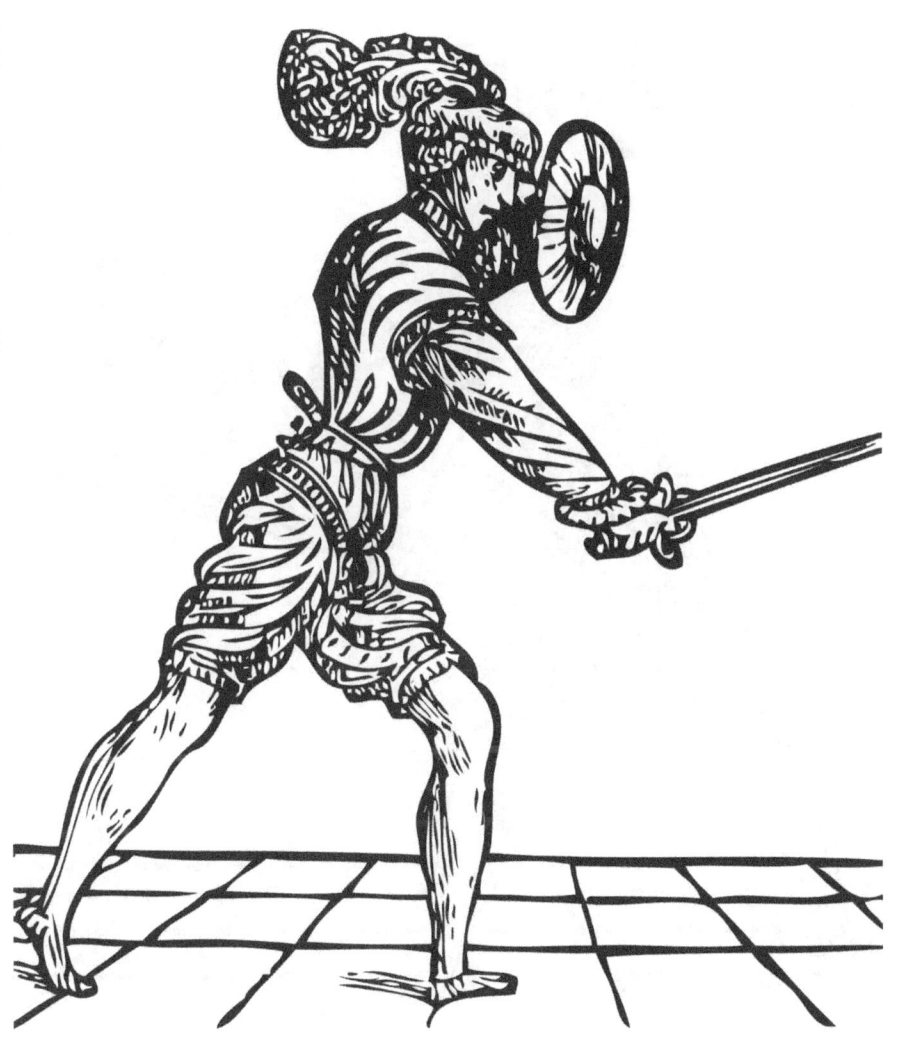

ANTONIO MANCIOLINO
CODA LONGA E STRETTA

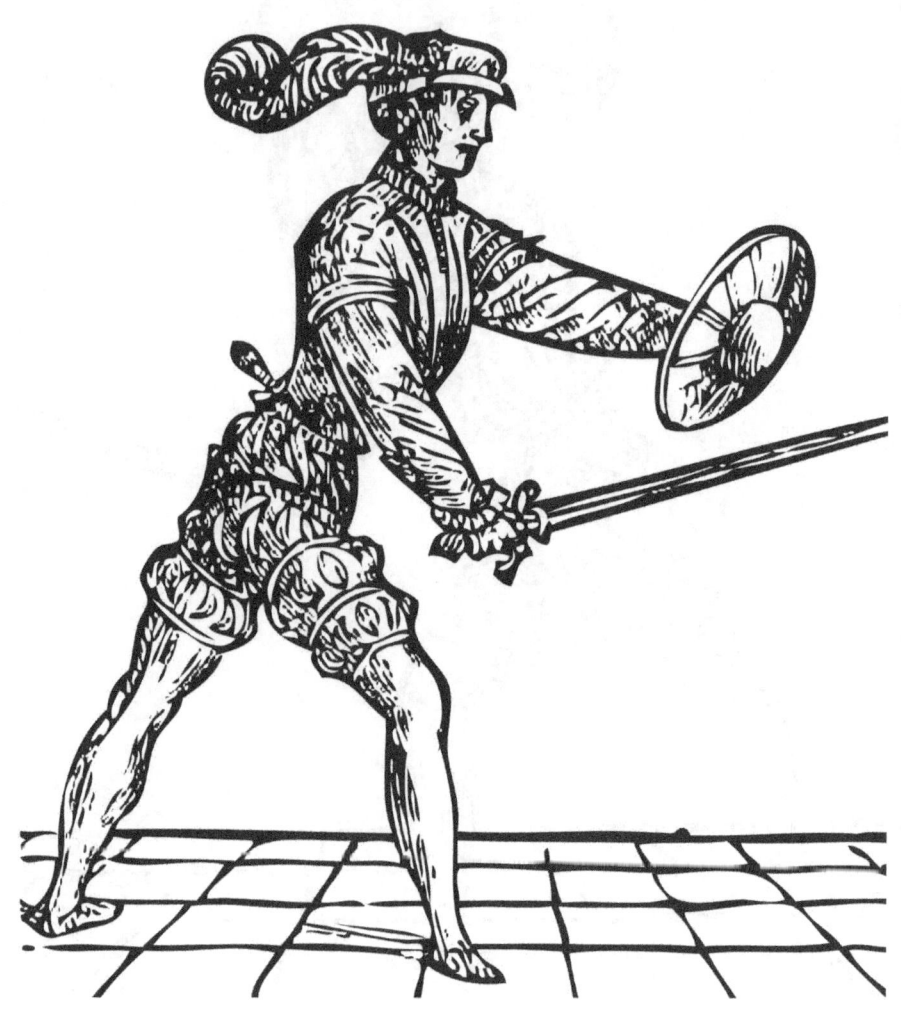

OPERA NOVA

CODA LONGA E ALTA

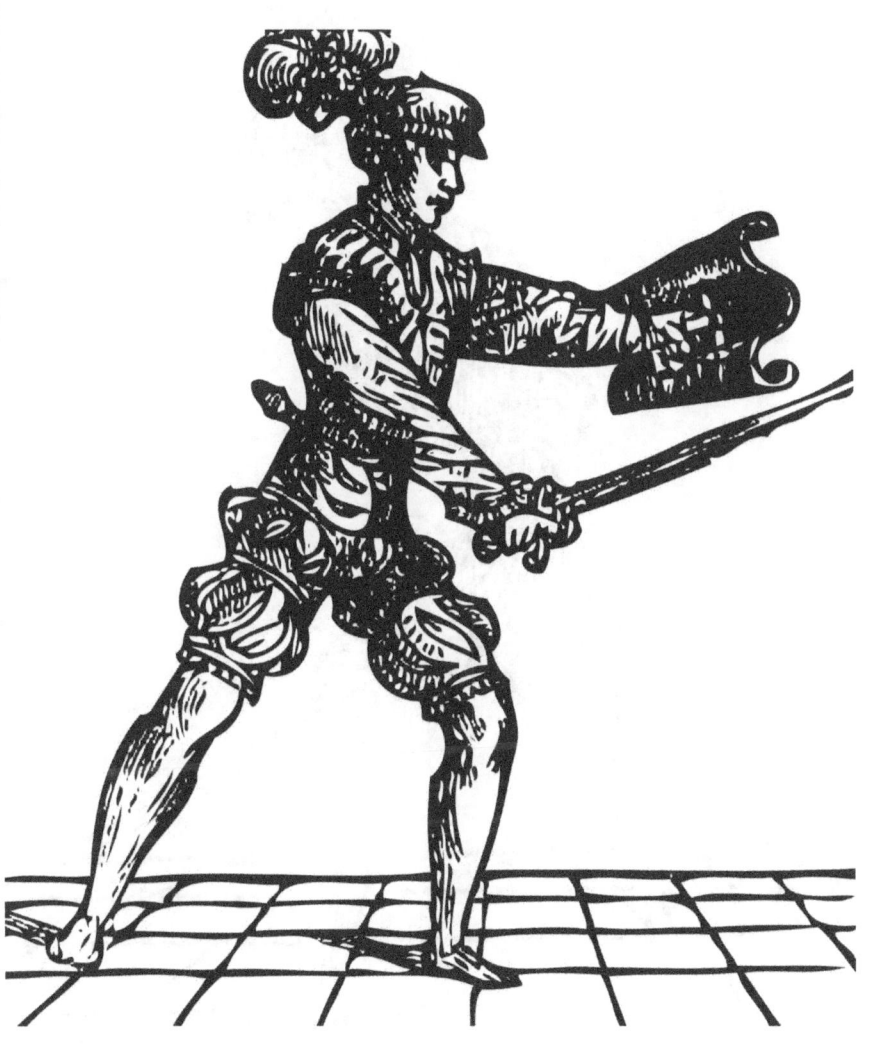

ANTONIO MANCIOLINO

CODA LONGA E LARGA

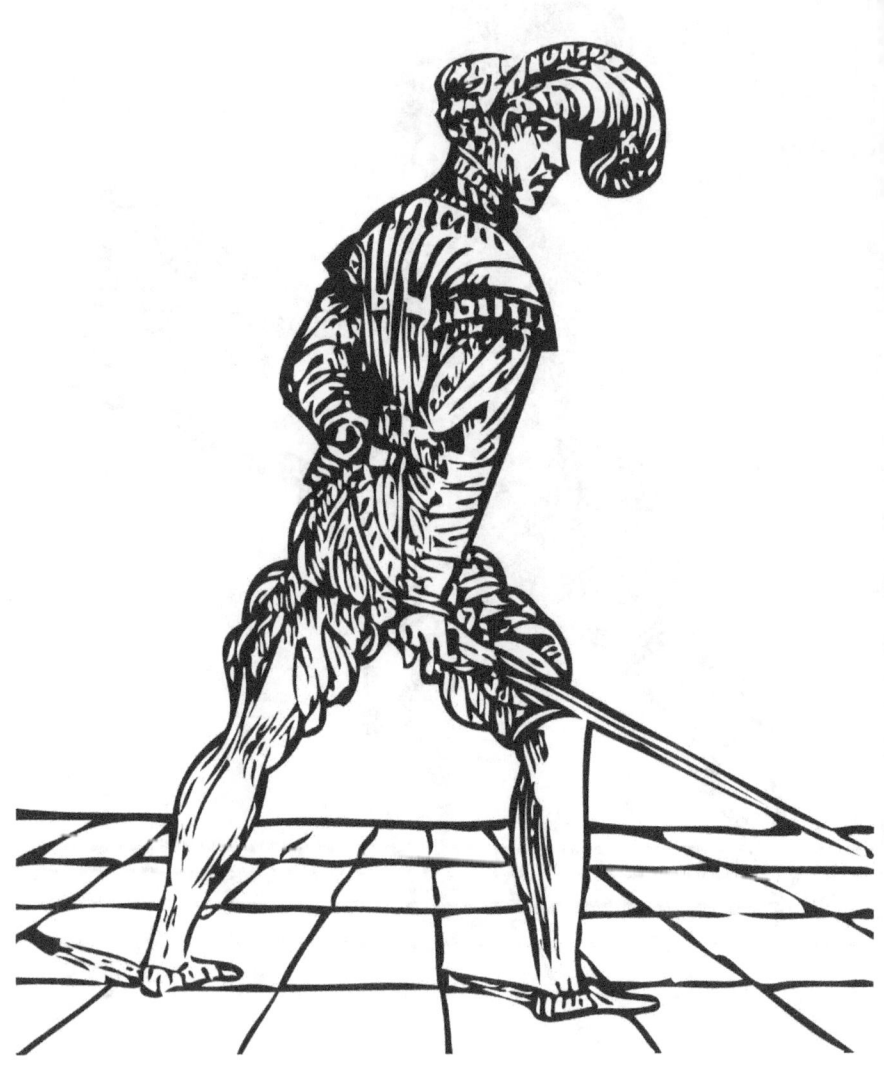

OPERA NOVA

CODA LONGA E DISTESA

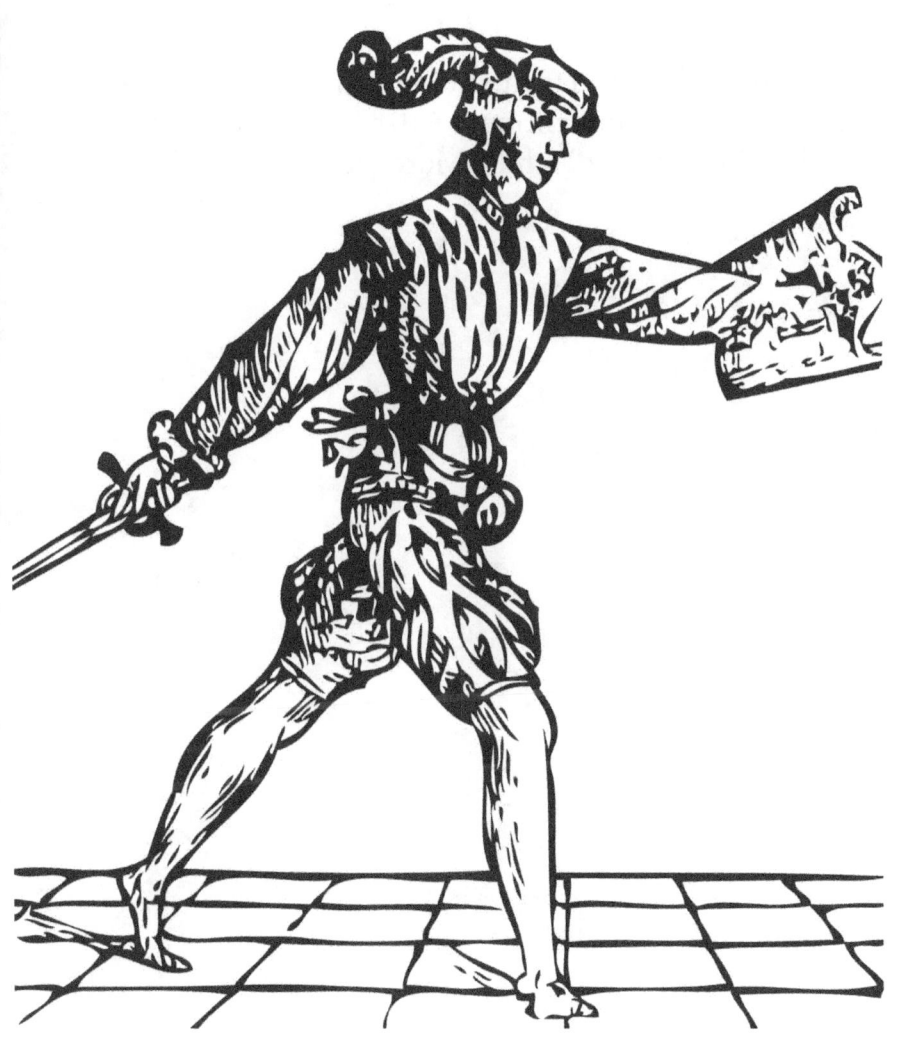

SCHÉMA DES FRAPPES

Comme pour les gardes, j'inclue ici le diagramme des frappes de Marozzo, celles-ci étant identiques entre les deux auteurs. Celui-ci est issue de l'*Opera Nova* d'Achille Marozzo paru en 1536.

OPERA NOVA

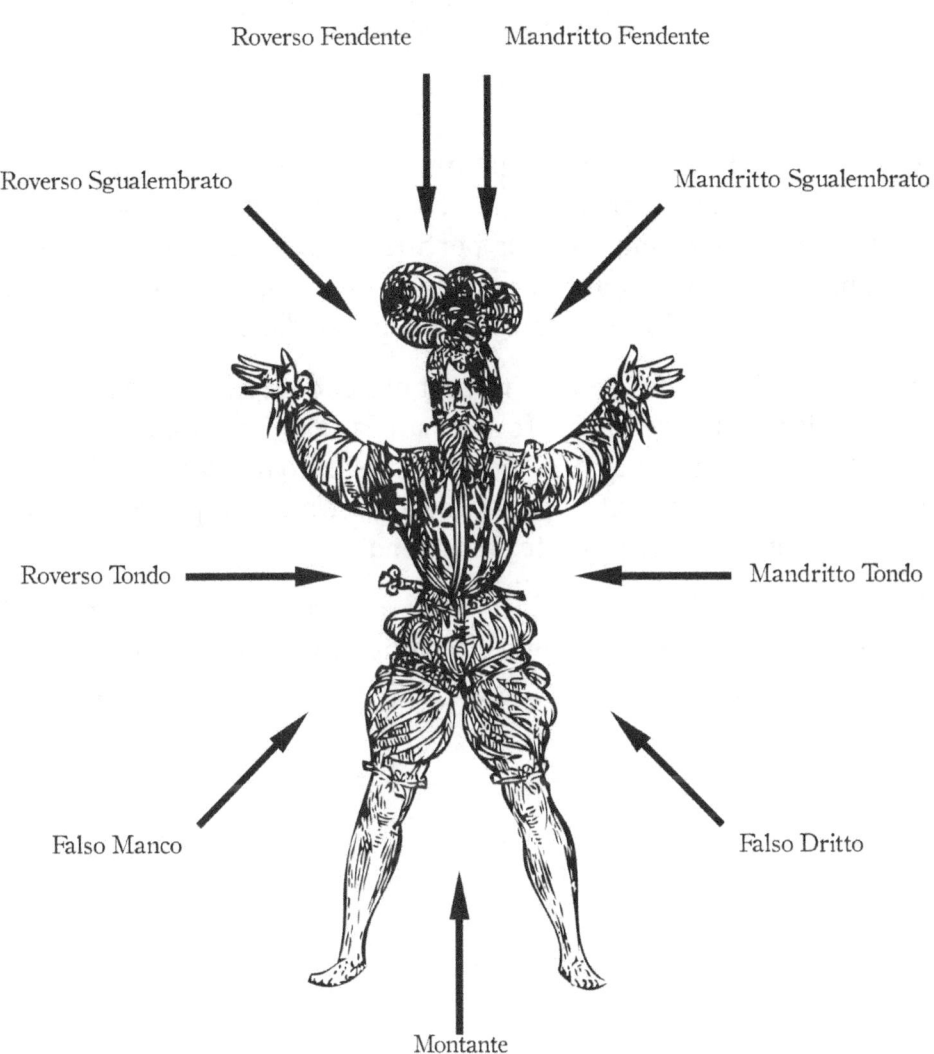

NOTES SUR LA TRADUCTION

Il a été décidé volontairement de laisser les termes techniques en italien, notamment les noms des gardes et des frappes, car la traduction ne me semblait pas pertinente. De plus, cela nous sert de rappel à chaque instant de l'origine de cet art. Mais vous noterez que la traduction de ces termes est proposée dans le glossaire.

L'orthographe à cette époque n'étant pas encore fixe, j'ai par contre harmonisé l'écriture de ces termes sur la version la plus moderne existante, ainsi les *megio* deviennent *mezzo* par exemple. J'ai par ailleurs harmonisé les temps de conjugaison et simplifié certaines lourdeurs et répétitions du texte original.

Je n'ai pas non plus respecté les paragraphes originaux, j'ai préféré redécouper le texte par groupe d'actions communes afin d'être plus facilement lisible.

www.ingramcontent.com/pod-product-compliance
Lightning Source LLC
Chambersburg PA
CBHW070249230526
45470CB00002B/536